Fondement en rémunération et perfectionnement des compétences

Désiré Muhigirwa Munguabisire

Fondement en rémunération et perfectionnement des compétences

Rémunération et perfectionnement, quel simultanéisme!

Éditions universitaires européennes

Impressum / Mentions légales
Bibliografische Information der Deutschen Nationalbibliothek: Die Deutsche Nationalbibliothek verzeichnet diese Publikation in der Deutschen Nationalbibliografie; detaillierte bibliografische Daten sind im Internet über http://dnb.d-nb.de abrufbar.
Alle in diesem Buch genannten Marken und Produktnamen unterliegen warenzeichen-, marken- oder patentrechtlichem Schutz bzw. sind Warenzeichen oder eingetragene Warenzeichen der jeweiligen Inhaber. Die Wiedergabe von Marken, Produktnamen, Gebrauchsnamen, Handelsnamen, Warenbezeichnungen u.s.w. in diesem Werk berechtigt auch ohne besondere Kennzeichnung nicht zu der Annahme, dass solche Namen im Sinne der Warenzeichen- und Markenschutzgesetzgebung als frei zu betrachten wären und daher von jedermann benutzt werden dürften.

Information bibliographique publiée par la Deutsche Nationalbibliothek: La Deutsche Nationalbibliothek inscrit cette publication à la Deutsche Nationalbibliografie; des données bibliographiques détaillées sont disponibles sur internet à l'adresse http://dnb.d-nb.de.
Toutes marques et noms de produits mentionnés dans ce livre demeurent sous la protection des marques, des marques déposées et des brevets, et sont des marques ou des marques déposées de leurs détenteurs respectifs. L'utilisation des marques, noms de produits, noms communs, noms commerciaux, descriptions de produits, etc, même sans qu'ils soient mentionnés de façon particulière dans ce livre ne signifie en aucune façon que ces noms peuvent être utilisés sans restriction à l'égard de la législation pour la protection des marques et des marques déposées et pourraient donc être utilisés par quiconque.

Coverbild / Photo de couverture: www.ingimage.com

Verlag / Editeur:
Éditions universitaires européennes
ist ein Imprint der / est une marque déposée de
OmniScriptum GmbH & Co. KG
Heinrich-Böcking-Str. 6-8, 66121 Saarbrücken, Deutschland / Allemagne
Email: info@editions-ue.com

Herstellung: siehe letzte Seite /
Impression: voir la dernière page
ISBN: 978-3-8417-4626-9

STRUCTURE DU COURS

INTRODUCTION	ATTENTES DU PROFESSEUR
OBJECTIFS DU COURS	ÉVALUATION
PÉDAGOGIE	OUVRAGES DE REFERENCE

Ière PARTIE : LA REMUNERATION
1. Fondement de la GRH et de la rémunération
2. Définition et concepts généraux
3. Différentes formes de rémunération

Chapitre premier : LA REMUNERATION GLOBALE
- Objectifs spécifiques
1. Les composantes de la rémunération globale
1.1. CONSOMMER
1.1.1. La « rémunération espèce » (« total cash »)
1.1.1.1. La rémunération fixe ou le salaire fixe
1.1.1.2. Le salaire de base mensuel
1.1.1.3. Les primes fixes
1.1.1.3.1. Les primes récurrentes indexées
1.1.1.3.2. Les primes récurrentes non indexées
1.1.1.3.3. Les primes exceptionnelles
1.1.1.2. La rémunération variable
1.1.1.2.1.1. La rémunération variable individuelle
1.1.1.2.1.2. Le variable individuelle court terme
1.1.1.2.1.3. Le variable individuel long terme ou bonus long
1.1.1.2.2. La rémunération variable collective
1.1.1.2.2.1. Les systèmes légaux
1.1.1.2.2.2. Les systèmes contractuels
1.1.2. Les « avantages en nature »
1.1.2.1. Les avantages fixes
1.1.2.2. Les avantages possibles
1.2. EPARGNER
1.2.1. L'épargne monétaire
1.2.1.1. L'épargne obligatoire
1.2.1.2. L'épargne facultative
1.2.2. L'actionnariat
1.2.2.1. L'actionnariat direct
1.2.2.2. L'actionnariat indirect
1.3. SE PROTEGER
1.3.1. La retraite
1.3.1.1. Le régime de base
1.3.1.2. Le régime complémentaire
1.3.1.3. Le régime sur-complémentaire
1.3.1.3.1. A prestations définies
1.3.1.3.2. A cotisations définies
1.3.2. La prévoyance
1.3.3. Les frais de santé

Chapitre deuxième : FACETTES DE GESTION DE REMUNERATION
2. Différentes facettes de gestion de rémunération
2.1. La facette juridique de la gestion des rémunérations

ℬℭ ℘ ℭℬ ⚜ ℬℭ ℬℭ ℘ ℭℬ ⚜ ℬℭ ℬℭ ℘ ℭℬ ⚜ ℬℭ ℬℭ ℘

INTRODUCTION

La rémunération dans l'entreprise n'est pas seulement une question qualitative (équité perçue) mais aussi une question technique de gestion et fait appel à certaines pratiques assez sophistiquées. La rémunération aujourd'hui, devient un moyen *d'attirer*, de *conserver* et de *motiver* des *candidats compétents* pour faire face à la compétition entre organisations. Elle permet ainsi à l'organisation de répondre aux missions de base de la fonction RH et d'atteindre ses objectifs. Parler rémunération, bien que tabou pour certaines entreprises, c'est évoquer des aspects de gestion (*court terme*) et traiter de sa politique (*MT&LT*), mais aussi l'implication du personnel et du style de management (*rémunération qualitative, personnalisée*).

Les gestionnaires sont donc amenés à innover en matière de rémunération pour déterminer la rétribution globale des RH. En effet, la rémunération est l'activité qui consiste à évaluer la contribution des employés à l'organisation et de fixer leur rétribution monétaire et non monétaire directe et indirecte en accord avec la législation existante et la capacité financière de l'organisation. *Si la rémunération directe est le salaire de base plus la rémunération basée sur le rendement, dite variable, la rémunération indirecte renvoie aux avantages sociaux tant privés que publics* ainsi qu'aux divers programmes de reconnaissance de la performance et des privilèges offerts aux employés.

La rémunération globale représente ainsi la valeur totale des paiements directs et indirects versés aux employés.

Mais la rémunération n'est qu'une partie de l'équation contribution/rétribution entre le salarié et l'entreprise. En effet, la rétribution regroupe divers modes de rémunération, gratifications et avantages matériels et non matériels. Selon les périodes et les contextes mais aussi les valeurs qui prédominent, les formes de rétribution sont plus ou moins prioritaires pour les salariés notamment.

Aujourd'hui la rémunération matérielle, l'individualisation et l'importance que prend la rémunération variable dans le système de rémunération semblent résumer les pratiques qui ont tendance à se généraliser.

En parallèle de l'individualisation accrue, l'équité autant interne, qu'externe devient cruciale pour les entreprises. Il s'agit d'un équilibre complexe puisqu'il intègre des notions aussi disparates que la réalité du marché, les pratiques en matière de rémunération et le sentiment d'équité qu'éprouve le salarié au sein de son entreprise mais en comparaison avec les autres entreprises. C'est donc à partir de la pratique de l'entreprise, de la branche ou secteur d'activité et du marché en dernier lieu qu'une grille des classifications peut jouer un rôle d'harmonisation et d'ajustement des salaires et répondre à l'exigence et enjeu de l'équité.

4

Les salariés d'une entreprise, hommes et femmes, sont aujourd'hui considérés comme une ressource à mobiliser pour investir. C'est ainsi que pour pérenniser cette ressource dite humaine, afin d'atteindre les objectifs se fixés, le management du siècle propose une mise en place de plans de formation pour les nouveaux arrivants et des formations continues pour le personnel. Désormais, rémunération et performance vont de paire. Le perfectionnement profite à l'entreprise et apporte à des salariés un complément de formation pour élargir leurs compétences (au profit de l'entreprise) et accéder à un autre poste dans le cadre d'une promotion interne (changement de catégorie professionnelle). L'employeur a l'obligation d'adapter tous ses salariés à l'évolution de leurs postes de travail et/ou fonctions. La formation des salariés est un investissement à court, moyen et long terme.

L'employeur qui décide de former ses salariés poursuit généralement un but :

- améliorer leurs compétences et savoir-faire ;
- une démarche avantageuse sur le plan de la compétitivité de son entreprise comme de son développement.

De par son intitulé, ce cours va comporter deux grandes parties : la rémunération et le perfectionnement (formation). Ces parties seront entrecoupées des points détaillés et d'autres pas, parce que considérés comme vus ou à venir dans la suite du parcours académique pour ainsi éviter chevauchement et/ou cloisonnement.

OBJECTIFS DU COURS

L'objet de ce cours est d'approfondir la gestion de la rémunération qui constitue une facette importante du management des ressources humaines. Le cours a été conçu de façon à ce que les étudiants puissent mettre l'accent sur plus ou moins cinq grands objectifs :

a) permettre l'apprentissage de l'état actuel de la pratique du management de la rémunération et appréhender les différentes composantes de la rémunération globale pour faciliter leur mise en œuvre ;
b) permettre l'apprentissage des fondements théoriques et des courants de recherche en rémunération afin d'en examiner leurs implications par la prise de décision en rémunération;
c) favoriser le développement des habiletés à prendre des décisions en rémunération et décrire les outils de gestion des rémunérations au niveau individuel et au niveau collectif ;
d) Réfléchir sur les questions que se posent les entreprises afin de parvenir à une gestion des rémunérations qui soit comprise par les salariés et à laquelle adhère la hiérarchie.
e) Approfondir les questions relatives à la rémunération et à la formation professionnelle et le rapport entre les deux.

PÉDAGOGIE

Des exposés thématiques seront suivis des discussions dans l'auditoire. Les étudiants auront des recherches à faire par la lecture des certains livres présents ou absents à la bibliothèque, des descentes sur terrain, des travaux personnels dans et/ou en dehors de l'auditoire.

ATTENTES DU PROFESSEUR

Le cours de fondement en rémunération et en perfectionnement s'adresse aux étudiants sérieux qui ont suivis comme pré- requis le cours de classification des emplois et rémunérations, le cours de leadership, celui de la motivation ou similaire à ceux-ci et qui ressentent le besoin d'approfondir leurs connaissances dans le domaine de la rémunération et perfectionnement. Par conséquent, les étudiants qui décident de prendre ce cours s'engagent par le fait même à non seulement être présents mais à la participation active (méthode de tempête des cerveaux) et aux divers exercices assignés.

Étant donné que ce cours est optionnel, les étudiants qui ne sont pas prêts à fournir l'effort nécessaire afin de se préparer aux discussions dans l'auditoire sont fortement conseillés de prendre les dispositions qui s'imposent.

ÉVALUATION

Le mode d'évaluation se compose de trois parties, c'est notamment la présence au cours, les divers travaux, individuel et/ou en groupe et un examen final. Les points attribués à chacun des rapports ainsi que les séances sont décrits ci-dessous.

Rapports	Points	Date de remise
Quiz	*10*	*A fixer de commun accord*
Participation	*5*	*Tout au long du cours*
TP	*10*	*Avant la fin du cours*
Examen final	*25*	*A la première session*

Dans ce cours, toute copie remise en retard se verra infliger d'une réduction de 2 % des points par jour de retard.

OUVRAGES DE REFERENCE :

- Adams, J. S., *Toward and understanding of inequity, in Journal of Abnormal and Social Psychology*, 1967
- Charles-Henri Besseyre des Horts, Gérer les ressources humaines dans l'entreprise, Concepts et outils, éd. d'organisation, 2008
- DOLAN SHIMON L., SABA TANIA, JACKSON SUSAN E., SCHULER R.S., *La gestion des ressources humaines. Tendances, enjeux et pratiques actuelles*, 3è éd., Paris, Pearson Education, 2002
- DONNADIEU G., *De l'évaluation des emplois à la gestion des compétences*, Ed. Liaisons, Paris, 1993
- DONNADIEU G., *Du salaire à la rétribution*, Ed. Liaisons, Paris, 2000
- DONNADIEU, Gérard et DENIMAL, Philippe, *Classification, qualification, de l'évaluation des emplois à la gestion des compétences*, Editions Liaisons, 1994.
- FRITZ Sylviane, *Moi et le management- Etre l'acteur de son développement personnel,* De bock université, sd

- Frédéric Sauvage et Hervé Adamski, *Atelier de Gestion des rémunérations & gestion de carrières*, 2005
- GANDY J. Marc, *Motiver vos collaborateurs*, Ed. Afnor, Paris, 2009
- J.R Vigué, « *Politique de rémunération : gestion des emplois, gestion de salaires* », semaine sociale, Lamy, Paris, 1984
- LANCIAUX C., *stratégie de la récompense : Le salaire au mérite*, EME, Paris, 1990
- Marie-Agnès Blanc et Marie- Paule Le Gall, Toute la fonction commerciale, Ed. Dunod, juin 2006
- MUHIGIRWA M. D., *Evolution de rémunération dans les entreprises du secteur PME : la motivation du personnel est-elle la clé du succès dans les entreprises privées ?*, EUE, Allemagne, 2012
- Patrick STORHAYE, *La rémunération : Les composantes de la rémunération globale*, éd. ..., 2000
- PERETTI J.M., *Rémunérations, motivation et satisfaction au travail*, Ed. Economica, Paris, 1996
- PERETTI J.M., et ROUSSEL, Patrice, *Les rémunérations, politiques et pratiques pour les années 2000*, Vuibert Entreprendre, 2000.
- PERETTI J.M, *Gestion des ressources humaines*, éd. Vuibert, Ese 7ᵉ éd, Paris, 1998.
- PERETTI J.M, *Ressources humaines*, éd. Vuibert, 6ᵉ éd, Paris, 2001
- PERETTI J.M., *Ressources Humaines*, 13ᵉ éd, Vuibert, France, 2011
- RIVARD Patrick, La gestion de la formation en entreprise :pour préserver et accroître le capital compétence de votre organisation, Québec, Presses de l'université du Québec, 2000
- SIRE, Bruno, *Gestion stratégique des rémunérations*, Editions Liaisons, 1993
- THERIAULT, Roland et St-ONGE, Sylvie, *Gestion de la rémunération, théorie et pratique,* Gaëtan Morin Editeur Ltée, 2000.
- Y. Cannac, *La bataille de la compétence*, Paris, Editions Hommes et Techniques, 1985
-
- BUHENDWA WENDO M., *Questions spéciales de gestion des RH et relations industrielles*, cours inédit, L2, ISMGL, 2011-2012
- CHIMERE MUNGUAKONKWA, *Cours de Classification des emplois et rémunérations*, cours inédit, G2, ISMGL, 2008-2009
- CHIMERE MUNGUAKONKWA, *cours de Gestion des Ressources Humaines*, cours inédit, G3, ISMGL, 2009-2010
- J. Michel PLANE, *la gestion des ressources humaines*, cours inédit, université Paul Valéry- Montpellier III, 2005-2006 ;
- KIMBWANI Gaston, *Politique de rémunération et d'emploi*, cours inédit, UNIGOM, 2010
- Maximo Moreno, *Cours de GRH*, inédit, IFSE, 2008 ;
- Nada Amar, Madiha et Allii, *Gestion des ressources humaines*, cours inédit, ENCG, 2004-2005 ;
- Nadia Gbaddab et Sourour Aouadi, *Les fonctions pratiques de la gestion des Ressources Humaines*, Cours inédit, Université Virtuelle de Tunis, 2008 ;

- Code du travail de la RDC, loi n°015/2002 ;
- Statut du personnel de carrière en RDC, loi 81-003/1981 ;
- Lexique de la commission des normes du travail.

₮₭ ₮ ₭₮ ₮ ₮₭ ₮₭ ₮ ₭₮ ₮ ₮₭ ₮₭ ₮ ₭₮ ₮ ₮₭ ₮₭ ₮

I ^{ère} PARTIE : LA REMUNERATION

Objectifs spécifiques

Cette partie vise à :

- S'imprégner du fondement de la gestion des RH et de la rémunération ;
- Apprendre les différents courants et l'évolution de la rémunération depuis l'apparition de l'homme sur la terre ;
- Etudier méthodiquement et analyser la base de la rémunération et son importance en vue d'améliorer ses composantes.

1. FONDEMENT DE LA GRH ET DE LA REMUNERATION
1.1. Les fondements de la gestion des ressources humaines[1]

Dans cette partie, nous parlons de quatre stades d'évolution de la fonction personnelle et qu'un certain nombre de recherches actuelles s'interrogent sur la relation compétitivité-emploi : La phase d'administration du personnel, la phase des relations humaines, la phase du management stratégique des ressources humaines et la phase du développement du potentiel humain. Nous toucherons un peu sur la compatibilité entre impératifs de compétitivité des entreprises et la politique d'emploi pour boucler cette partie.

1.1.1. -L'administration du personnel :

La fonction personnelle s'est d'abord efforcée d'adapter les salariés de l'entreprise aux emplois et à leurs évolutions qui découlent des choix techniques et d'organisation. La main- d'œuvre employée est une variable d'adaptation dont le coût doit être minimum. **Recruter, payer, réglementer, contrôler** sont les seules activités confiées à cette fonction administrative.

Ce mode de gestion correspond bien aux principes fondateurs édictés, dès 1916, par Henri Fayol dans son traité consacré à l'administration industrielle et générale. Les méthodes de management visent à trouver les moyens les plus rationnels qui permettront de commander sans hésiter. Il s'agit ainsi d'écrire des règles claires et non discutables, de choisir les procédures les plus fiables, de décider pour les individus et

---

[1] J. Michel PLANE, La gestion des ressources humaines, cours inédit, Université Paul Valéry-Montpellier III, 2005- 2006, p5-7

surtout d'éviter tous ce qui peut aller contre l'objectivité. Du point de vue pratique de la gestion, l'administration du personnel recouvre concrètement *la tenue des dossiers, des fichiers de base* et à la *mise à jour des mouvements statistiques d'effectifs*. La fonction personnelle prend aussi en charge les *relations avec le service administratif de l'emploi, de l'inspection du travail* des services d'information ou de documentations existants. L'auteur signale qu'au cours de ces dernières années, la fonction d'administration du personnel s'est informatisée avec l'apparition de nouveaux logiciels de gestion. Cela implique des changements majeurs des manières de gérer la fonction personnelle.

1.1.2. -Le mouvement des relations humaines :

Le mouvement des relations humaines apparaît en contestation de l'approche classique des organisations et s'intéresse aux *aspects psychologiques, à la vie des groupes humains* ainsi que la *dimension relationnelle* au sein de l'organisation. C'est ce que certains auteurs appellent un courant important de la **sociologie du travail**.

L'école des relations humaines a influencé l'évolution de la fonction, en ce sens qu'il a constitué, entre 1930 et 1950, une réaction contre les limites de **l'organisation scientifique du travail**. Cette école est aujourd'hui représentée par les travaux précurseurs en matière d'amélioration des conditions de travail et les expériences réalisées au sein d'une grande compagnie américaine de Chicago, la Western Electric, par l'universitaire américain Elton Mayo et son équipe. Ces chercheurs ont conclu à l'importance des **facteurs d'ambiance et relationnels sur le rendement**. Ils montrent le lien réel qu'ont ces facteurs avec le fonctionnement de l'entreprise et ont ainsi contribué à humaniser les relations de travail.

1.1.3. -Le management stratégique des ressources humaines :

La modernisation qui a suivi les chocs pétroliers, la forte concurrence et les restructurations ont plus que jamais exacerbé les problèmes d'emploi des hommes. Les stratégies des entreprises et la recherche effrénée (qui est sans retenue, sans mesure) de l'efficacité économique ont paradoxalement conduit la fonction personnel à élargir son champ d'actions, *pour agir comme gestionnaire de ressources, prendre en charge la communication interne et développer le conseil à la hiérarchie*.

Ces évolutions indiquent des orientations de la fonction RH vers à la fois *plus d'autonomie et une plus grande intégration à la stratégie de l'entreprise*, au sens où elle met à son service des RH optimisées (en effectifs et en qualification) et est associée à sa définition. On parlera progressivement de gestion stratégique des ressources humaines. Signalons que l'homme n'a pas tellement changé depuis Taylor, toujours motivé par l'appât (ce qui attire) du gain monétaire et l'accomplissement du travail réalisé consciencieusement. Il suffit d'ajouter à cela une stratégie de communication et on obtient un système humain géré de manière cohérente et globale.

1.1.4. -Le développement du potentiel humain :

Soulignons encore qu'à partir du milieu des années 90, l'idée d'articuler le potentiel humain et le développement interne s'est particulièrement développée en France. L'émergence de cette quatrième phase est avant tout liée aux transformations de la nature de l'activité de travail. Rappelons ici que certains auteurs comme Philippe Zarifian (1993), Henri Savall (1987) ou Philippe Iorino (1995) ont en commun l'idée qu'il existe des gisements de *ressources internes largement sous développées dans les organisations.* En effet, *il ne suffit plus pour réussir d'être bien géré*, encore faut-il mobiliser les énergies et développer l'implication du personnel. Alors même que l'intitulé GRH connaît un certain succès, on lui adjoint d'autres notions telles que la *culture, les valeurs, le projet ou la vision.* La GRH se voit donc dotée d'un nouvel axe : Le développement social et la logique de projet.

1.1.5. -Le management de la compétitivité et de l'emploi :

Ici, disons simplement que des recherches actuelles explorent les possibilités de compatibilité entre les impératifs de compétitivité et les politiques d'emploi des entreprises. Ces travaux étudient le management des entreprises à partir de leur stratégie et de leur mode de fonctionnement. Ils visent à apporter une contribution *au plan des instruments de gestion et des indicateurs de performance.* Ces chercheurs suggèrent une conception de la gestion des ressources humaines prenant en compte les *contradictions, les clivages* (séparation par niveau) et *les conflits.* Cette approche de la gestion des ressources humaines préconise la négociation et l'élaboration de modes d'organisation du travail visant à faciliter l'appropriation et la production de connaissances par les acteurs.

1.2.   Fondement de la gestion de rémunération[2/3]

L'histoire des ressources humaines est aussi ancienne que l'origine humaine sur la terre, il y a de millions d'années. Depuis ses origines sur la terre, l'homme a exploité ses semblables ainsi que l'animal pour effectuer les tâches qui s'imposaient à lui ; les plus forts ont exploité les plus faibles et ceci se vit encore aujourd'hui.

Ainsi, au commencement était la propriété des biens. Celle-ci était entre les mains du propriétaire qui l'exploitait en vue d'un grand profit, devant l'importance et les contraintes liées à l'extension de l'exploitation individuelle.

Au fil des temps, cette domination précitée de l'homme a progressivement cédé à l'évolution et au pouvoir de la richesse concrétisée, il y a peu, par la monnaie. L'homme a donc loué son temps, sa force et/ou son intelligence à d'autres hommes contre rémunération, contre le droit de manger ; contre le droit de vivre. L'homme est alors soumis à des tâches peu valorisantes, à des travaux durs et cela du matin jusqu'au soir parce qu'il doit lutter pour gagner du pain.

Le salaire est, depuis très longtemps, au centre d'un débat d'expériences qui contribue à en renouveler sans cesse l'actualité.

Dans l'antiquité, la relation de travail étant une relation « *maître-esclave* », le problème de la rémunération ne se posait même pas. Ensuite les choses ont évolué, le travailleur commençait à percevoir une part de la production et, ce n'est qu'avec l'apparition des artisans que le travailleur commença à percevoir un salaire quoique dérisoire par rapport au travail effectué.

La doctrine socialiste a essayé de donner au travail toutes les considérations qu'il méritait, néanmoins elle fut contrée par les démocratiques qui ont estimé que le travail est « *une marchandise comme les autres et donc soumise à l'offre et la demande.* »

D'autres économistes ont également cherché à expliquer la formation ou l'évolution des salaires entre autres Adam Smith, Walras et Keynes et bien d'autres.

Les théories économiques ont toujours eu des difficultés à prendre en compte les mécanismes sociaux et juridiques qui, dans la réalité, ont une grande importance dans la fixation des salaires. L'un des changements majeurs en matière de fixation des salaires est l'apparition des négociations et des conventions collectives.

[2] Nadia Gbaddab et Sourour Aouadi, *Les fonctions pratiques de la gestion des Ressources Humaines*, Cours inédit, Université Virtuelle de Tunis, 2008
[3] Muhigirwa M., D., La motivation comme stratégie de participation des salariés au fonctionnement de l'entreprise, mémoire inédit, Ismgl, 2011-2012

Finalement, considéré comme le prix du travail obéissant à l'offre et la demande, tantôt comme le rendement des capitaux humains, tantôt comme la rémunération des connaissances, de l'expérience et des compétences, tantôt comme amortissement nécessaire pour l'entretien du salarié et la reproduction de sa force de travail, le salaire est devenu un rapport social.

Il est le résultat d'un rapport de dépendance entre la force du travail et la force du capital. Il est, en outre, le résultat d'un compromis entre ces deux forces et doit être modifié à chaque fois que le rapport entre ces deux forces change.

2. DEFINITION ET CONCEPTS GENERAUX

Objectifs spécifiques

Cette partie vise principalement à :

- Définir et différencier certains termes et concepts liés à la rémunération et au salaire ;
- Expliquer pour être fixé sur le véritable sens de concepts rencontrés dans le monde du travail.

Toute contribution d'un collaborateur au fonctionnement de l'entreprise suppose une contrepartie qui se traduit d'abord par la fixation de ce qui est couramment appelé « le prix du travail » et ensuite par le versement d'une rémunération.

La rémunération est la somme représentative de l'ensemble de gains susceptible d'être évalué en espèces et fixés par accord ou par les dispositions légales et réglementaires qui sont dus en vertu d'un contrat de travail par un employeur à un travailleur (C.T, Chap. 4, Art 7)[4].

Par rémunération, il faut entendre le salaire ou traitement ordinaire de base ou minimum et tous les avantages et accessoires payés directement ou indirectement en espèce ou en nature par l'employeur au travailleur en raison de l'emploi ;

Le salaire est une rémunération du travail effectué par une personne pour le compte d'une autre en vertu d'un contrat de travail. C'est la partie principale de la rémunération.

La rémunération est l'ensemble des rétributions acquises par le salarié en contrepartie du travail effectué pour l'organisation qui l'emploie[5]. Elle constitue le dénominateur commun auquel se rattachent les collaborateurs, de l'effort qu'ils ont fourni

---

[4] Code du travail de la RDC, loi n°015/2002 du 16/10/2002, 43ième année.
[5] Nada Amar, Madiha et alii, Gestion des ressources humaines, ENCG, cours inédit, 2004-2005

pour l'entreprise. C'est sur la rémunération que sera jugée *l'équité réelle* du système de gestion des RH. Tout salarié a tendance à se comparer à ses collègues et peut arriver à être complètement démotivé s'il s'estime à tort ou à raison injustement traité. La rémunération dans l'entreprise n'est pas seulement une question qualitative (*équité perçue*), c'est aussi et surtout une question technique de gestion qui fait appel à des pratiques et raisonnements un peu compliqué.

Différentes appellations ont été créées pour distinguer les formes de paiement d'un travail effectué ; tout dépend de la forme du travail et des conditions dans lesquelles il est effectué :

- ❖ **La rétribution** : terme le plus utilisé pour désigner une récompense dans le travail, pour un service ;
- ❖ **Les appointements** : rémunération en espèce fixe, mensuelle ou annuelle rattachée à un métier ; salaire de l'employé ou du vendeur ou de l'artiste ;
- ❖ **La rémunération** : gain monétaire que l'on a tiré d'un travail; salaire des stagiaires ;
- ❖ **Le salaire** : rémunération de l'ouvrier ;
- ❖ **Emolument** : avantage pécuniaire et/ou profit revenant légalement à quelqu'un. Tandis que « *émoluments* » désignent les actes tarifés d'un officier ministériel ; ex. : un ministre
- ❖ **Les honoraires, bénéfices** : rétributions des personnes exerçant une profession libérale ; ex. : un médecin
- ❖ **Les gages** : rétribution d'un employé des maisons, un domestique, de la servante (différent de gage : bien mobilier remis pour garantir une dette);
- ❖ **La solde** : rémunération versée aux militaires (*le solde* : différence entre crédit et débit) ;
- ❖ **Indemnité** : pour les élus ;
- ❖ **Traitements** pour les fonctionnaires (travaillant pour l'état, collectivités, territoriales, hôpitaux publics,…) ; ex. : le professeur
- ❖ **Allocation de recherche** pour certains doctorants ;
- ❖ **Le pourboire** : récompense par le client à un travailleur en remerciement d'un service.
- ❖ **Le bakchich** : (c'est un mot d'origine turque) peut avoir comme synonyme, le pot-de-vin. C'est un cadeau caché pour un avantage, une

somme d'argent qu'un travailleur obtient d'un client pour quelques faveurs ;

❖ **Le cachet** : c'est la rétribution d'un artiste pour un engagement bien déterminé (ex : un musicien, un peintre, un artiste, …) ;

❖ **La gratification** (appelée aussi 13ième mois) :l'employeur donne cette somme pour témoigner sa satisfaction du travail réalisé par le salarié ;

❖ **La commission** : c'est le pourcentage qu'un intermédiaire reçoit pour sa rémunération ; ex. : un commis-voyageur ou du vendeur

❖ **La Guelte** : Somme que l'on attribue à un vendeur et qui correspond à un pourcentage sur les ventes qu'il a effectuées ;

❖ **Le dividende** : intérêt qui revient à l'associé ou actionnaire ;

❖ **Le casuel** : du curé ;

❖ **La prime :** agent d'assurance ;

❖ **Le courtage :** commission que reçoit un courtier ;

❖ **Les droits** de l'inventeur ou du compositeur ;

❖ **La liste civile** : somme allouée annuellement à certains souverains constitutionnels, comme pour le chef de l'Etat ;

❖ **La paye** : salaire de l'ouvrier ;

❖ **La vacation** : salaire du notaire ou de l'avocat ;

❖ **Etc.**

Rappelons en passant que le salaire est le revenu du travail mais tout revenu du travail n'est pas salaire. Le mot salaire est associé à des nombreux adjectifs comme par exemple :

Le salarié (personne liée à une autre par un contrat individuel de travail) perçoit un **salaire net** (celui que perçoit réellement le salarié ou viré dans son compte bancaire) égal au salaire brut moins les cotisations sociales salariales (QO) que l'employeur lui retient. Les diverses contenues correspondent à ce qu'il convient d'appeler « prélèvements sociaux » pour financer la sécurité sociale (maladie, vieillesse, allocation familiale, accidents de travail, …), les régimes de retraite complémentaire et l'assurance chômage. **Le salaire brut** comprend l'ensemble des sommes convenues et des avantages accordés par l'employeur. **Le salaire nominal** correspond au montant indiqué sur la fiche de paie tandis que **le salaire réel** indique le pouvoir d'achat du salaire nominal, c.à.d. la quantité des biens que le salarié peut acheter à partir du montant perçu.

Le salaire chargé ou **coût salarial** est ce que coûtent au total les salariés à l'employeur. Il est égal au salaire brut augmenté des cotisations sociales patronales (QP). Il est un des éléments qui déterminent les décisions de l'employeur (soit embaucher ou ne pas embaucher).

Le Salaire indirect(ou social), désigne l'ensemble des prestations sociales reçues par le salariés (retraites, allocations, indemnités journalières, …) et qui sont financées par l'ensemble des cotisations sociales.

Le salaire minimum est fixé par le pouvoir public et on ne peut payer aucun salarié, en principe, en dessous de celui-ci. Il a été instauré, en RDC, un SMIG par le code du travail en vigueur. Le salaire effectif que reçoit le collaborateur en échange de son travail est, en réalité le résultat d'un calcul assez compliqué qui peut se résumer à la formule suivante :

(1) S. base contractuel
(2) +Compléments de salaire (h. suppl., prime ancienneté, 13ème mois, …)
(3) + Suppléments de salaire (autres primes, commissions, …)
(4) - retenues diverses (cotis. sociales, avances, dettes, …)
(5) = Salaire effectif (salaire net perçu)

$$(5) = \left[\sum (1),(2),(3) \right] - (4)$$

3. DIFFERENTES FORMES DE REMUNERATION[6]
Rémunération différée = individualisation des rémunérations.

Parler rémunération, c'est tout à la fois évoquer les aspects de gestion (à CT) de rémunération et traiter des politiques (à MT et LT) de rémunération. Ce sont les aspects quantitatifs (financiers, monétaires, ...) et qualitatifs (implication du personnel, style de management, ...) qui constituent les pratiques de la fonction sociale en matière de rémunération.

a. **La rémunération monétaire à CT** : constitue la rémunération la plus classique puisqu'il s'agit simplement de payer le prix du travail dans le cadre d'un échange en général négocié. Cette forme correspond au salaire fixe prévu par le type d'activité exercé et peut évidemment varier par l'ancienneté, la formation de base, l'expérience ; à cela se rajoutent des rémunérations monétaires plus conjoncturelles (comme les bonus, intéressement, ...) liées le plus souvent par la performance individuelle et/ou collective.

b. **La rémunération monétaire à MT** : cette forme entre dans la catégorie des rémunérations différées car le collaborateur n'obtient sa compensation financière qu'après un laps de temps qui peut même durer des années. Ex : la participation au bénéfice.

c. **La rémunération à LT et très LT** : elle est différée à LT car il s'agit souvent d'une capitalisation pour couvrir des risques survenant en fin de vie professionnelle.

d. **Rémunération sous forme d'avantages en nature** : il s'agit de forme la plus discutable (surtout par le fisc) car difficilement évaluable. Ces avantages en nature se traduisent habituellement *par des réductions* sur les produits ou services de l'entreprise, par une voiture ou logement de fonction par exemple.

Positionnement des diverses formes de rémunérations

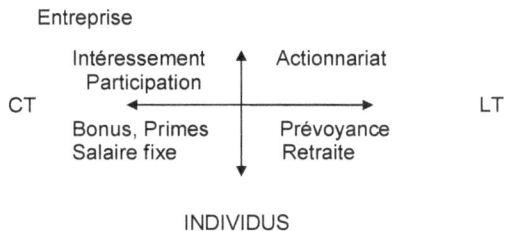

Entreprise

	Intéressement Participation	Actionnariat	
CT			LT
	Bonus, Primes Salaire fixe	Prévoyance Retraite	

INDIVIDUS

---

[6] Charles-Henri Besseyre des Horts, Gérer les ressources humaines dans l'entreprise, Concepts et outils, Ed. d'Organisation, Novembre 2008, p.80

Chapitre un.

LA REMUNERATION GLOBALE

Objectifs spécifiques

La rémunération globale vise à :

- Définir la rémunération globale et ses corolaires à savoir : la rémunération directe et indirecte, différée, salaire majoré, accessoire de salaire, glissement, etc.

- Analyser au mieux les éléments constitutifs de la rémunération globale et connaître les principaux effets de la masse salariale ;

- Comprendre les périphériques de la rémunération : participation aux bénéfices, intéressement, stock-option, etc. et les mécanismes de système de retraite ;

- Manager au cœur des décisions de rémunération et savoir parler pédagogiquement des salaires avec les managers;

- Fournir aux managers des outils pour qu'ils prennent des décisions d'augmentation des salaires de façon pertinente ;

- Apprendre les meilleures techniques et pratiques de rémunération dans un marché de globalisation.

1. Les composantes de la rémunération globale[7]

Plusieurs caractéristiques pourraient permettre de catégoriser les éléments qui constituent la rémunération globale :

- En fonction des besoins auxquels ils répondent ;
- en fonction de leur caractère obligatoire ou non ;
- etc.

Ce que « paye » chacune de ses composantes est par exemple une approche possible qui peut sembler naturelle : les éléments qui récompensent la compétence acquise, ceux qui payent la performance, etc. Cependant, une approche de ce type est intellectuellement intéressante mais subjective. Chaque entreprise peut en effet attribuer différentes finalités à un seul et même élément de rémunération.

---

[7] Patrick STORHAYE, La rémunération : les composantes de la rémunération globale, s. éd, 2000

Une approche pragmatique consisterait donc à classer dans un premier temps les éléments de rémunération en fonction de ce qu'ils permettent pour le collaborateur, puis en fonction de caractéristiques objectives. C'est l'approche qui est proposé ci-dessous et ne prétend naturellement constituer une taxonomie exhaustive ou universelle, mais tente de construire un langage commun opérationnel et utile pour conduire une politique de rémunération.

Faisant, 3 grandes catégories peuvent être identifiées en fonction de ce qu'elles permettent au collaborateur. Ce sont les éléments qui permettent au salarié de/d' :

- ᴆ **CONSOMMER** : salaire, primes diverses, avantages en nature, etc. ;
- ᴆ **EPARGNER** (c.à.d. ceux qui permettront de consommer plus tard) : participation légale, plan d'épargne entreprise, stock-option, etc. ;
- ᴆ **SE PROTEGER** contre la diminution ou la perte de rémunération qu'entrainerait la résiliation d'un aléa certain ou incertain : retraite, capital décès, mutuelles, etc.

De toute façon, dans chacune de ces catégories, il est ensuite possible de classer les éléments de rémunération selon des critères objectifs.

			Salaire de base mensuel	
CONSOMMER	Rémunération espèces	Salaire fixe	Primes fixes	Prime d'ancienneté, prime de diplôme, etc.
		Salaire variable	Individuel	Bonus, commissionnement, bonus long terme, ...
			Collectif	Primes d'équipe sur résultat, intéressement légal
	Avantages en nature	Fixes	Voiture, ticket restaurant	
		Potentiels	Prêt immobilier, réduction sur produit de la société	
EPARGNER	Epargne monétaire	Obligatoire	Participation légale	
		Facultative	Abondement au PEE	
	Actionnariat	Direct	Plan d'achat d'actions, abondement[8] investi en titres de la société	
		Indirect	Stock-option, phantom stocks, ...	
	retraite	Régime de base obligatoire		
		Régime complémentaire	Arrco Agirc (Association pour le régime de retraite complémentaire des salariés et l'**Agirc** (Association	

---

[8]Complément apporté par une institution au profit de destinataires ayant satisfait certains critères dans le cadre d'une opération financière ; Lorsque des salariés achètent des actions de leur propre société, l'abondement correspond au versement complémentaire versé par la société. Aide financière de l'entreprise au PEE (Plan Epargne Entreprise) complétant les versements volontaires des salariés.

			générale des institutions de retraite des cadres)	
SE PROTEGER		Régime sur-complémentaire	Prestations définies	
			Cotisations définies	
	Prévoyance	Partielle	Chômage, indemnités journalières,…	
		Définitive	Décès, invalidité permanente	
	Frais de santé	Actes médicaux, frais d'hospitalisation, etc.		

1.1. CONSOMMER

1.1.1. La « rémunération espèces » (« Total Cash »)

Elle est constituée de l'ensemble des éléments versés en espèces (« cash ») et disponibles pour le bénéficiaire immédiatement à leur versement. Ces éléments peuvent être fixes ou variables, déterminés de manière individuelle ou collective, d'une périodicité mensuelle, annuelle ou pluriannuelle.

La rémunération espèces est elle-même constitué de deux grandes catégories d'éléments : *la rémunération fixe* et *la rémunération variable*. C'est ainsi qu'on classe dans cette catégorie *le salaire de base (SB), les primes fixes, les primes variables individuelles* et les *primes collectives* dont *l'intéressement légal*.

1.1.1.1.   – *la rémunération fixe ou salaire fixe*

Tous les éléments dont les montants sont fixés à l'avance, donc certains pour le bénéficiaire. La rémunération fixe peut se décomposer en deux grandes catégories d'éléments à savoir :

- o   1.1.1.1.1. le salaire de base mensuel
- o   1.1.1.1.2. les primes fixes

On trouve dans certaines entreprises une multitude des primes fixes. On peut néanmoins les classer en 3 grandes catégories :

- ▪   1.1.1.1.2.1.   Les primes récurrentes indexées : leur montant peuvent varier selon certains critères mais il est connu à l'avance. C'est par exemple le cas des *primes d'ancienneté* ou *primes d'expérience*. Plus l'ancienneté est grande, plus le montant de la prime est élevé mais dans tous le cas de figure, le bénéficiaire sait à l'avance ce qu'il va toucher.

- 1.1.1.1.2.2. <u>les primes récurrentes non indexées</u> : leur montant est non seulement connu à l'avance et il ne varie pas (même s'il peut être revalorisé de temps en autre). Certaines entreprises ont par exemple gardé des primes de ce type, au caractère parfois surréaliste.
- 1.1.1.1.2.3. les primes exceptionnelles : leur attribution n'est pas récurrente. Les primes de déménagement par exemple.

1.1.1.2.   *– La rémunération variable*

Tous les éléments dont les montants ne sont pas certains à l'avance. Il existe deux grandes catégories d'éléments de rémunération variable :

- o   1.1.1.2.1. *la rémunération variable individuelle*
Les éléments dont le montant individuel est fixé en fonction de critères individuels : *primes sur objectifs, commissionnement, etc.* C'est ce que les anglo-saxon appelle **bonus individuel**. On peut donc considérer qu'il existe trois grandes catégories de rémunération variable individuelle :

1.1.2. **Variable individuel court terme (VICT**) : sa périodicité est inférieure à 1 an. Ces systèmes sont le plus généralement utilisés pour des populations commerciales ou ouvrières et la périodicité des versements est dans ce cas généralement mensuelle ou trimestrielle.

1.1.3. **Variable individuel moyen terme (VICM)** : sa périodicité est annuelle. Il s'agit du système le plus généralement rencontré. Ex : 13è mois.

1.1.4. **Variable individuel long terme ou bonus long terme (VILT**) : sa périodicité est supérieure à un an (généralement 3-5 ans). Ces systèmes sont le plus souvent destinés aux dirigeants.

- o   1.1.1.2.2. *la rémunération variable collective*
Les éléments dont le montant individuel est fixé en fonction de critères collectifs ou semi-collectifs : *primes d'équipes, primes de résultats d'établissements, intéressement légal.* On peut schématiquement distinguer :

1. <u>Les systèmes légaux</u> ; comme l'intéressement légal dont l'existence n'est pas obligatoire mais les modalités réglementées

2. <u>Les systèmes contractuels</u> ; dont les caractéristiques ne sont pas spécifiquement réglementées (au-delà du respect du code du travail).

1.1.2. – Les « avantages en nature »

Les avantages en nature relèvent de la catégorie « consommation » car ils constituent une économie, une dépense non engagée par le bénéficiaire. Il en existe naturellement une multitude dans les entreprises.

Il est d'une part à noter que seuls ceux qui donnent lieu à utilisation personnelle peuvent être véritablement considérés comme avantages en nature. L'utilisation comme « outil de travail » n'est pas un avantage en soi. L'exemple le plus caractéristique est celui de la voiture. On distingue trois grandes catégories *d'avantages voiture* :

- Véhicule de statut, son attribution est liée au statut du bénéficiaire ;
- Véhicule de fonction, son attribution est liée au poste occupé et non au bénéficiaire ;
- véhicule de société, véhicule mis à la disposition de plusieurs salariés par la société).

Dans tous les cas, seul la part d'utilisation à titre privée est un avantage en nature.

D'autre part, il existe deux grandes catégories d'avantages en nature :

1.1.2.1. Les avantages fixes : leur consommation est récurrente dans le temps. C'est par exemple le cas de la part entreprise du ticket restaurant. Il donne donc directement lieu à économie pour le bénéficiaire.

1.1.2.2. Les avantages possibles : l'avantage n'existe que si le titulaire décide de l'utiliser. Ce sont des avantages « potentiels » que le titulaire peut décider d'exercer ou non. C'est par exemple le cas de prêts immobilier à taux préférentiels ou de réductions accordées sur l'achat des produits de la société. Ces avantages sont très souvent soumis à conditions (ancienneté minimale, salaire maxi, etc.).

1.2. EPARGNER

La catégorie *épargne* est constituée à la fois de :

1.2.1. L'épargne monétaire

L'ensemble des éléments espèces qui ne sont pas immédiatement disponibles pour le bénéficiaire. Ce sont donc des montants d'argent, certains ou aléatoires, que le bénéficiaire pourra utiliser au-delà d'une certaine période. Le montant versé à ce titre peut être fixe ou aléatoire, et il peut évoluer dans le temps après avoir été attribué. On peut distinguer :

1.2.1.1. L'épargne obligatoire : ici la participation légale est obligatoire pour les entreprises de plus de 50 salariés. Elle constitue une forme de rémunération variable collective. Les sommes sont bloquées pendant 5 ans sauf en cas de déblocage anticipé prévu par la loi. Pendant la période de blocage, les sommes sont investies sur un fonds commun de placement, en titres de l'entreprise si elle est cotée ou sur un compte courant bloqué et rémunéré au minimum à 6%.

1.2.1.2.   L'épargne facultative : on retrouve dans cette sous-catégorie l'*abondement* au Plan d'Epargne Entreprise (PEE). **L'abondement** est une somme versée au PEE par l'entreprise en complétant des versements volontaires des salariés. L'abondement est plafonné et ne peut être individualisé.

1.2.2. L'actionnariat

L'actionnariat est une forme d'épargne en titres de l'entreprise. On peut distinguer :

1.2.2.1.   L'actionnariat direct : le collaborateur détient réellement des titres de l'entreprise. On peut avoir dans cette catégorie l'abondement au PEE lorsque celui-ci est *investi en titres de l'entreprise* ou *les plans d'achat d'action*.

1.2.2.2.   L'actionnariat indirect : il correspond essentiellement au plan de *stock-option* et ses dérivés. Le titulaire se voit attribuer une option d'achat à prix fixé à l'avance qu'il peut exercer ou non à terme. Lorsqu'il exerce l'option, c'est-à-dire lorsqu'il devient propriétaire des titres, il peut les conserver comme le revendre. Les différents systèmes utilisés sont les *stock-options* classiques (généralement sur 5 ans), les *bons de souscription de créateur d'entreprise* mais aussi les *phantom stocks*[9].

1.3.   SE PROTEGER

La vie d'un collaborateur est soumise à des aléas : maladies, décès, chômage, etc. certains de ces aléas qui entrainent un risque sur les revenus se réaliseront de toute façon. C'est par exemple le cas de la retraite. D'autres ne se réaliseront peut-être pas, c'est le cas par exemple du décès en cours de période active. Il est d'usage de distinguer trois grandes catégories de protection :

---

[9] **Phantom stock** est un accord contractuel entre une société et les bénéficiaires d'actions fantômes qui confèrent à son bénéficiaire le droit à un paiement en espèces à un moment désigné ou en association avec un événement désigné à l'avenir, dont le paiement est d'être d'un montant lié à la valeur de marché d'un nombre équivalent de parts du capital de la société. Ainsi, le montant de la distribution augmentera à mesure que la hausse des prix d'achat d'actions, et de diminuer si le stock tombe, mais sans que le destinataire (concessionnaire) recevant effectivement un stock. Comme d'autres formes de régimes de rémunération à base d'actions, des actions fictives servent généralement à aligner les intérêts des bénéficiaires et des actionnaires, inciter contribution à part la valeur, et encourager le maintien ou la participation continue des contributeurs. Destinataires (bénéficiaires) sont généralement employés, mais peut également être administrateurs   , fournisseurs tiers, ou autres.(En savoir plus :http://en.wikipedia.org/wiki/Phantom_stock)

1.3.1. La retraite

La retraite couvre l'ensemble des éléments de cotisation payés par l'entreprise et par le bénéficiaire et qui donneront lieu à une prestation. Il existe des nombreux régimes de retraite mais les régimes pour les salariés du secteur privé peuvent être décomposés en 3 sous-catégories, à savoir :

1.3.1.1.   –le régime de base est obligatoire et ne porte que sur la part de salaire inférieure au plafond de la sécurité sociale (PSS) ;

1.3.1.2.   – le régime complémentaire vient en complément du régime de base.

1.3.1.3.   – le régime sur-complémentaire. Ces régimes viennent en sus de deux précédents. Il existe deux types de régimes sur-complémentaires :

1.3.1.3.1. *A prestations définies* : la rente (revenu annuel) est assurée au bénéficiaire au moment de la signature du contrat. Il est définit généralement par le code général des impôts ;

1.3.1.3.2. *A cotisations définies* : les cotisations sont définies à l'avance. Le code général des impôts l'appelle souvent « sur-salaire ».

1.3.2. La prévoyance

La prévoyance recouvre les éléments de protection du salarié en cas de réalisation des aléas incertains. Cette couverture provient du régime général de la sécurité sociale et des compléments d'assurance facultatifs (mutuelle ou compagnie d'assurance) : chômage, incapacité/validité, capital-décès, etc.

1.3.3. Le frais de santé

Plus généralement appelés abusivement mutuelle, les frais de santé correspondent aux niveaux de prise en charge des frais de santé. Ils se décomposent en partie obligatoire (sécurité sociale) et la partie qui s'y ajoute en complément. On y compte le remboursement des actes médicaux, des médicaments, des frais d'hospitalisation, etc.

Chapitre deux :
FACETTES DE GESTION DE REMUNERATION

2. Différentes facettes de gestion de rémunération

Selon Frédéric Sauvage et Hervé Adamski [10], la gestion des rémunérations comprend une facette : juridique, économique, politique, psychologique, symbolique, sociologique et éthique, etc.

2.1. La facette juridique de la gestion des rémunérations

La gestion des rémunérations est avant tout une *transaction légale*, juridique, dans la mesure où la liberté des salaires s'inscrit *dans le respect d'obligations légales, de dispositions conventionnelles et contractuelles.*

Les règles juridiques les plus importantes en matière de gestion et de fixation des rémunérations concernent :

* l'existence d'un salaire minimum interprofessionnel,
* l'existence de rémunérations minimales hiérarchiques,
* l'égalité des salaires féminins et masculins,
* l'interdiction des discriminations prohibées,
* l'interdiction d'indexation non spécifique
* l'obligation des négociations salariales.

Une vision juridique influence la première définition : « *La rémunération est l'ensemble des rétributions acquises par le salarié en contrepartie du travail effectué pour l'organisation qui l'emploie.* » En terme du contenu, cette première définition divise le salaire en deux, l'une est directement versée en numéraire, l'autre est versée indirectement sous forme d'avantages divers. Ainsi elle différencie la rémunération directe de la rémunération indirecte. L'ensemble des éléments directs et indirects constituent ce qu'on appelle **la rémunération globale**. Le besoin de classer les éléments de la rémunération est nécessaire pour les juristes vis-à-vis des réglementations élaborées en droit fiscal et droit de travail.

Elle comporte :

⊚ **Le salaire de base**: Sa détermination est liée à l'élaboration d'une grille des salaires. Sa construction représente la base d'une gestion salariale claire et équitable. Il ne s'agit pas de rigidifier un système qui doit être naturellement flexible

---

[10] Frédéric SAUVAGE et Hervé ADAMSKI, *Atelier de Gestion des rémunérations & gestion de carrières*, 2005

mais plutôt répondre à la question : « Combien vaut le poste ? ». La grille doit tenir compte des facteurs qui vont déterminer son degré de précision et de flexibilité, ce sont les facteurs :

- ❖ Facteurs internes ;
- ❖ Facteurs externes ;
- ❖ Le poste lui-même (le facteur le plus important car la qualification des postes constitue le fondement naturelle de toute grille de salaires.

Il est important que la structure respecte, dans certaines mesures, la hiérarchie des postes obtenus au terme de l'opération de qualification. La procédure la plus simple réside dans une multiplication directe du nombre des points obtenu par le poste et la valeur du point.

Toutefois, il n'y a pas une seule grille de salaires. Les différentes grilles correspondent à des réalités et des orientations différentes de la GRH. On trouve, selon J.R Vigué[11] :

- *Grille de salaires minimum négociés*, dans le cadre de la convention collective ;
- *Grille de salaires minimum fixés par l'entreprise*, sans aucune référence externe ;
- *Grille sophistiquée* où figurent pour chaque niveau de poste des courbes de salaires évoluant en fonction de l'âge, de l'ancienneté dans le poste ou de la performance.
- *Grille faisant apparaître des fourchettes des rémunérations* par niveau de poste. Seuls les 2 derniers types correspondent à des grilles construites dans une perspective 'moderne' de GRH et constituent celles rencontrées dans les entreprises ayant mis en place un système cohérent (équitable) de GRH. Pour construire une grille, certaines questions sont primordiales comme par exemple:
  - ➤ *Quelle peut-être l'ampleur de la fourchette de salaires par niveau de poste (p.ex., 10% pour les postes les + bas jusqu'à 50% pour les + élevés) ?*
  - ➤ Quel est l'écart souhaitable ( ) les salaires médians de 2 niveaux de postes successifs ?
  - ➤ Faut-il prévoir les zones de recouvrement () les niveaux de postes ?
  - ➤ Etc.

Courbe de salaire pour un niveau de poste donné en fonction de la performance et de l'expérience

---

[11] J.R Vigué[11], « *Politique de rémunération : gestion des emplois, gestion de salaires* », semaine sociale, Lamy, Paris,1984

Maxi

mini
    Performance

.... très bonne

.... bonne

.... à améliorer

Salaire

Années d'expérience

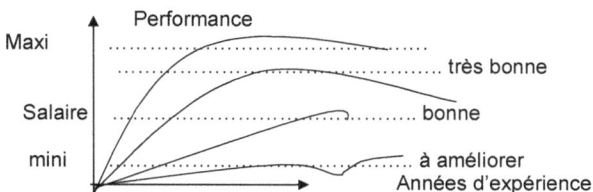

Le salaire de base comprend la rétribution prévue par le contrat de travail et les sources complémentaires (accords entreprises, conventions collectives...). Il est la contrepartie directe du travail fourni par l'employé. Il est qualifié de **salaire majoré** lorsqu'il intègre le paiement d'heures supplémentaires, des primes inhérentes à la nature du travail (primes de danger, l'insalubrité,...) et des primes aux résultats directement dépendantes du travail du salarié (primes de rendement individuel ou de l'équipe de travail).

@ **Les accessoires de salaire :**

Ils comprennent les avantages en nature et les frais professionnels inhérents au travail. Les avantages en nature regroupent les produits, les services, les cadeaux proposés gratuitement ou à un prix modéré. Certains sont généralisés à l'ensemble du personnel, d'autres peuvent être réservés à une catégorie de salariés.

@ **Les compléments et les suppléments de salaire :**

Ils comprennent les gratifications, dites bénévoles qui sont accordées par l'employeur en fonction de son appréciation de l'employé, il s'agit de libéralité.

Lorsque ces gratifications sont contractuelles, elles ont le caractère du salaire et sont obligatoirement versées. La participation, les autres compléments de rémunération directe en espèces (primes de transport, suppléments familiaux...) les avantages en nature, les dépenses en œuvres sociales, les mutuelles et retraites complémentaires facultatives.

Ils correspondent à tout ce qui peut faire varier le salaire de base au-delà des minimums contractuels. La différence essentielle entre *compléments et suppléments* réside dans le fait que les *premiers ne sont pas liés à un résultat* (ils peuvent être légaux ou devenus un avantage acquis) au contraire des *seconds qui sont presque toujours fonction d'un résultat*. Ces deux types sont présents sur le bulletin de paie : les points d'ancienneté, la prime des heures supplémentaires sont des compléments de salaire alors que la prime de bilan, les commissions (trimestrielles et spéciales) constituent des suppléments. Cette distinction entre compléments et suppléments pose des problèmes de la nature des primes car ces dernières sont en réalité très nombreuses selon les entreprises et surtout les branches et secteurs auxquels ces entreprises, ces branches et/ou secteurs prévoit des primes spécifiques difficiles à lister.

Tableau des compléments et suppléments de salaire et leurs caractéristiques

Domaine	Individuelle	Collective	Exemple	Nature
Nuisance	Oui	Non	Nuit, quart, froid	Complément
Ancienneté	Oui	Non	Ancienneté	Complément
Présentéisme	Oui	Non	Assiduité	Complément
Gratification	Oui	Oui	13ème mois	Complément
Performance	Oui	Oui	Productivité, rendement	Complément
Qualité	Oui	Oui	Suggestions, qualité	Supplément
Collectivité	Non	Oui	Objectif, bilan	Supplément

2.2. La facette économique de la gestion des rémunérations

L'objectif des économistes est de connaître le montant et la composition des ressources financières de la population. Une étude réalisée par l'INSEE[12] aboutit à une classification en sept ou huit catégories (voir notes ci-dessous : vision stratégique de la GRH)

Les salaires : Salaire direct en espèces et primes non mensuelles.

La gestion des rémunérations est ensuite une transaction économique, dans la mesure où elle met en présence deux agents soumis aux lois du marché :

- l'entreprise, d'une part, qui doit payer ce qu'il faut sur le marché pour se doter d'une « compétence » (la rémunération équivalant alors au « prix d'un service »),
- le salarié, d'autre part, qui trouve dans la rémunération des éléments de subsistance (composante essentielle de son pouvoir d'achat).

Le Manager ou tout autre responsable opérant dans le secteur de la Gestion des Rémunérations, doit connaître le montant des salaires sur le marché pour une compétence donnée, la méthodologie leur permettant d'évaluer le montant moyen d'un salaire pour une fonction donnée, et d'intégrer cette facette de la rémunération dans l'élaboration, la mise en œuvre et le suivi d'une stratégie globale des rémunérations. Ainsi, le Manager devra à la fois défendre les intérêts de l'entreprise et satisfaire les exigences

---

[12] **INSEE** : Institut National de la Statistique et des Etudes Economiques. Il est chargé de la production, analyse et diffusion des statistiques officielles en France : Comptabilité nationale annuelle et trimestrielle, évaluation de la démographie nationale, du taux de chômage, ...

des salariés. Cette facette nécessite des compétences de négociateur que celui-ci aura acquis dans la formation en Gestion des Rémunérations.

2.3. La facette politique de la gestion des rémunérations

La gestion des rémunérations est encore une transaction politique, car elle met en jeu des négociations où chacune des parties – via notamment l'intervention des syndicats s'efforce de défendre ses intérêts.

Les décisions relatives aux classifications, donc à la structure des salaires qui relèvent en effet des négociations collectives de branches. Le niveau des rémunérations dépend des décisions propres à l'entreprise dans le respect des minima légaux et conventionnels.

Désormais, rémunérer ne signifie plus seulement payer mais aussi attirer, motiver, fidéliser les salariés performants, les compétences clés, les potentiels dont la contribution est indispensable à la réussite durable de l'entreprise. La rémunération est devenue une composante essentielle et reconnue de la stratégie R.H.

Elle est traduite par la pyramide des rémunérations de Priouret et comprend :
• *La rémunération directe* : SDB, Primes fixes, et variables
• *Les périphériques officiels*=intéressement, participation financière…
• *Les périphériques rapprochés*= Frais de déplacements…
•*Les périphériques éloignés*=complément de retraite, de prévoyance familiale, maison de retraite…

2.3.1. Vision de la politique RH

Elle propose une classification sommaire à trois catégories :
•*Une partie fixe* : elle rémunère la fonction remplie et la compétence avec laquelle elle est exercée selon les principes d'équité et de compétitivité par rapport aux marchés extérieurs.
•*Une partie variable* : elle est liée à la réalisation d'objectifs individuels ou collectifs selon les principes de la motivation du salarié et de sa responsabilisation.
•*Une couverture sociale* : elle libère les salariés de préoccupations d'ordre familial liées à des risques personnels (décès, maladie, …) ou concernant leur retraite.

2.3.2. Vision stratégique (Classification en GRH) :
○ Distinction entre rétributions intrinsèques et extrinsèques.

- o Les reconnaissances intrinsèques sont attachées au contenu même de l'emploi occupé. Elles se composent essentiellement des avantages carrières (avancement), du statut social et de l'intérêt du travail.
- o Les rétributions extrinsèques se rapportent par contre aux éléments traditionnels de salaire et se décomposent en huit catégories :

◆ **La rémunération fixe**= Salaire de base + primes fixes +complément de salaire fixe. **Une partie fixe** (salaire de base), c'est l'élément essentiel de la rémunération. Il est lié à la fonction, faisant généralement référence au contrat de départ et/ou à une classification du poste et le plus souvent ajusté périodiquement notamment par indexation. Il est fixé d'avance, au moins dans sa nature et dans son mode de calcul. Il sert de référence pour les calculs des autres prestations. A cette somme peut s'ajouter des compléments (heures supplémentaires p. ex.) des formes multiples : avantages en nature, pourboire, gratification, primes et autres avantages, prime de transport, etc. Il est souvent un salaire au temps (annuel, mensuel le plus souvent) ou un salaire au rendement (le salaire est fonction des pièces produites = salaire aux pièces), du chiffre d'affaires réalisé (commission), …

◆ **La rémunération du mérite individuel** = Primes et bonus individuels. Pour ne pas pénaliser les meilleurs lorsque le montant de l'intéressement (variable collectif) diminue, les entreprises ont choisi de compenser pour eux une baisse du variable collectif par la distribution d'un variable individuel. Ce variable individuel corrige l'une des limites du variable collectif. L'intéressement a un caractère non sélectif. Il bénéficie indifféremment aux salariés performants (piliers) et non performants(les branches mortes). L'absence d'individualisation limite son intérêt comme outil de motivation et de stimulation. Pour récompenser les meilleurs, les entreprises mettent en œuvre du « variable individuel » sous forme de bonus et des primes exceptionnelles.

◆ **La rémunération du mérite collectif**= primes et bonus collectifs (à l'exclusion des formules de partage du résultat global)

◆ **Le partage du profit**= intéressement, participation, abondement au plan d'épargne d'entreprise

◆ **Les avantages en nature et aides diverses**=voitures, aide au logement, loisirs, prêts et conseils financiers, etc

◆ **Les compléments retraite** (régime complémentaire facultatif, sur-complément de retraite)

◆ **La prévoyance**=mutuelle + assurances

◈ *la participation au capital* (actionnariat, options sur action) ;

A cela on peut joindre :

• *Les avantages carrières* (perspectives de développement de carrière) ;

• *Le statut social* (caractère valorisant de la fonction occupée, image valorisante de l'entreprise) et

• *L'intérêt du travail* (caractère «enrichissant» du travail).

2.4.   La facette psychologique de la gestion des rémunérations

La gestion des rémunérations est aussi une transaction psychologique, car elle se trouve au cœur d'un système complexe d'attentes respectives, lequel influe sur la motivation et la satisfaction au travail.

Il ne faut pas négliger cet aspect psychologique de la rémunération, car, pour qu'une entreprise soit en bonne santé, il faut que ses salariés soient satisfaits de la rétribution qu'ils perçoivent en contrepartie du travail qu'ils fournissent pour œuvrer au développement de leur société.

2.5.   La facette symbolique de la gestion des rémunérations

La gestion des rémunérations est une transaction symbolique, car elle témoigne d'une reconnaissance (signes) et appuie des valeurs (à commencer par la valeur d'un individu).

Implicitement donc, le niveau de rémunération d'un professionnel fixe la valeur que l'entreprise attribue à cet individu. Un gestionnaire de rémunérations doit donc également tenir compte de la composante individuelle (à laquelle se rapporte cette facette symbolique de la rémunération) pour mettre en place une stratégie des rémunérations cohérente et efficace.

2.6.   La facette sociologique de la gestion des rémunérations

La gestion des rémunérations est dotée également d'une facette sociologique, car la perception de rémunérations est associée à des processus de classification et de hiérarchisation.

31

La gestion des rémunérations déclenche des jeux de comparaisons, en même temps qu'elle doit savoir jouer sur le sentiment d'appartenance et sur la cohésion.

2.7. La facette éthique de la gestion des rémunérations

La gestion des rémunérations est enfin une transaction éthique, car elle est porteuse d'une idée de la justice et de la justesse au travail.

En matière de rémunération, on ne peut bâtir un système viable et acceptable que s'il repose sur l'équité. Cette dernière facette de la gestion des rémunérations est donc extrêmement importante, car, sans justice (ou sans sentiment de justice de la part des salariés), la cohésion sociale de l'entreprise ne peut être pérenne.

La rémunération des salariés est un élément clés du contrat de travail. Elle est la contrepartie numéraire du service rendu. Elle représente le seul revenue pour la majorité des salariés, et pour les entreprises l'élément majeur de leur coût de production. On peut ainsi donc définir la rémunération comme l'ensemble des compensations et avantages que reçoivent les employés en contrepartie de leur travail:

- *La rémunération directe* constitue la paie reçue, à intervalles réguliers, à titre de traitements, salaires, primes et commissions.
- *La rémunération indirecte* comprend toutes les compensations qui ne font pas partie de la rémunération directe et qui font partie du contrat social liant l'employeur et l'employé (p. ex., avantages sociaux, congés payés, régimes de retraite, formation et services à l'employé).
- *Les avantages non financiers* font référence à des facteurs tels que le parcours de carrière et les possibilités d'avancement, la reconnaissance, de même qu'aux facteurs qui facilitent l'accomplissement du travail (environnement, horaire, congés sans solde, etc.).

Toutefois, pour accorder une rémunération efficace, il faut tenir compte du caractère unique de chaque employé. Chaque personne a ses propres besoins et travaille pour différentes raisons. La rémunération la plus appropriée tiendra compte des besoins de chaque personne. C'est ainsi qu'on parlera de *l'approche cafétéria*[13], qui consiste à permettre dans le cadre d'une enveloppe, à chaque salarié de choisir les modalités de sa

---

[13] PERETTI J.M., *Ressources Humaines*, 13ᵉ éd, Vuibert, France, 2011

rémunération. Ainsi il peut préférer un complément de retraite, un avantage non monétaire (voiture p. ex) ou un congé plutôt qu'une prime ou une augmentation. Ayant choisi, le salarié valorise davantage la composante retenue.

Que la rémunération soit adéquate ou équitable, cela dépend dans une grande mesure de la pensée de l'employé à cet égard. Selon Adams, chaque salarié mémorise un ratio correspondant à la comparaison entre l'évaluation de ses contributions à son organisation (contribution) et celle des avantages qu'il retire de son emploi (rétribution)

$$\text{Ratio d'équité} = \frac{\text{rétribution}}{\text{Contribution}}$$

Le tableau ci-dessous illustre des comparaisons sur les comportements des salariés :

		Comparaisons externes	
		Satisfait	Non satisfait
Comparaisons internes	satisfait	-Turnover bas -Absentéisme bas -Peu de plaintes	-Turnover élevé -Absentéisme élevé -Plaintes (niveau général des rémunérations)
	Non satisfait	-Haut niveau d'activité syndicale -Beaucoup de plaintes sur l'égalité du système	-Turnover élevé -Absentéisme élevé - Beaucoup de plaintes -Activité syndicale forte

Source: Porter et alii, Behavior/Organizations, MacGraw-Hill, New York, p.345

Chapitre Trois :
POLITIQUE ET SYSTEME DE REMUNERATION

Objectifs spécifiques

Tout étudiant qui aura suivi cette partie du cours, les GRH et managers seront capables de/d' :
- Définir sa politique de rémunération cible ;
- Acquérir les techniques d'analyse des rémunérations et la démarche pour faire évoluer son système de rémunération ;
- Mettre le système de rémunération au service de la stratégie pour comprendre les systèmes de rémunération : directe et indirecte ;
- Concilier politique et système de rémunération en vue d'atteindre les objectifs et résultats se fixés ;
- Fournir aux dirigeants d'entreprises et directeurs des RH une démarche complète leur permettant d'élaborer une stratégie qui répond adéquatement aux pratiques actuelles de leur entreprise en matière de gestion des RH.

Ainsi donc pour aborder la question de la rémunération, il faut distinguer le système de rémunération et la politique de rémunération.
En effet, le système est fait de l'ensemble des règles imposées par le droit, qu'il soit d'origine contractuelle ou d'origine réglementaire.
La politique est faite des principes que l'organisation se donne pour guider ses décisions et passer des messages d'action au personnel.

3.1. Politique et stratégie de la rémunération

3.1.1. Politique de rémunération : principes généraux

La politique de rémunération d'une entreprise a un impact direct et décisif sur la motivation et la productivité des salariés. Elle peut être un argument d'attraction des candidats à l'embauche. La question de la fixation des éléments et de modalités de la rémunération est donc une question prégnante de la GRH, outil de la performance et de la compétitivité de l'entreprise. Si la rémunération ne constitue pas l'unique moteur de motivation des employés, elle ne peut en aucun cas être négligée, faute de devenir source de d'insatisfaction et de démotivation, appelée **amotivation** (absence totale de motivation).

La rémunération consiste pour l'entreprise en un avantage concurrentiel. En effet, la gestion de la rémunération a des impacts sur les attitudes et les comportements au travail. Par ailleurs, elle influence le rendement et la performance organisationnelle. La façon dont les employés sont payés va avoir une influence certaine sur la qualité du service ou du travail, sur la collaboration et sur la volonté de faire les choses. La rémunération influence donc les bénéficiaires et peut avoir certains impacts sur des problèmes organisationnels tels que l'absentéisme, le taux de roulement, etc.

La politique de rémunération est l'un des sujets les plus sensibles en Gestion des Ressources Humaines au sein de l'entreprise. Vu la complexité de celle-ci, il faut, dans un premier temps, déterminer la capacité de payer de l'organisation, le montant de la rémunération qu'elle désire affecter aux différents postes, celle offerte sur le marché de l'emploi et effectuer un choix ou établir des échelles salariales et connaitre les différents facteurs liés à la détermination des augmentations.

Elle peut être définie comme la mise en place et l'utilisation de critères spécifiques concernant la fixation et l'évolution des salaires et des moyens nécessaires à amener tous les intéressés à s'y soumettre (employeurs, employés, syndicats...).

Les caractéristiques d'une politique salariale du point de vue des dirigeants d'entreprise sont : - l'adaptabilité, - la motivation et – la compétitivité. La politique de rémunération doit concourir à l'atteinte des objectifs généraux que la direction générale s'est fixés.

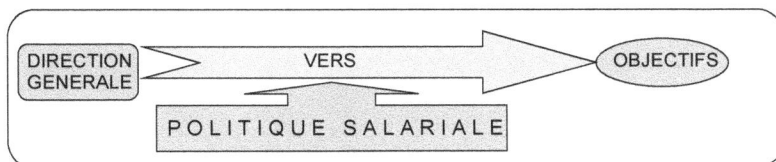

Notons cependant que la politique salariale devrait respecter les composantes de la rémunération comme vue ci- haut, à savoir :

- ❖ Le salaire fixe
- ❖ Le salaire variable (bonus, primes,...)
- ❖ Les périphériques légaux (intéressement, participation, plan épargne, logement, stocks options).
- ❖ Les périphériques sélectifs (avantages en nature, logement, voiture,...).
- ❖ Les périphériques statutaires (avantages sociaux, œuvres sociales du Comité d'Entreprise, prêts à taux préférentiels, retraite et prévoyance, mutuelle,...).

3.1.2. Les objectifs de la rémunération

L'objectif ultime de toute politique de rémunération est de créer un sentiment de reconnaissance pour ses employés actuels et futurs. Faisant, toute politique de rémunération devrait faire l'équilibre entre la satisfaction des demandes des employés et sa capacité de payer l'organisation.

La politique de rémunération vise à :

- ℘ Attirer en recrutant les meilleurs candidats qui répondent aux multiples besoins de l'entreprise ;
- ℘ motiver et démontrer de la reconnaissance aux salariés en leur versant une rétribution juste ;
- ℘ Etre compétitif par rapport au marché (équité externe)
- ℘ fidéliser les salariés mais celle-ci doit se soumettre à quelques principes :
- ⁘ Privilégier le respect de l'équité interne
- ⁘ Favoriser un sentiment de reconnaissance (mérites / prise en compte des attentes du salarié)
- ⁘ Assurer la cohésion entre les objectifs individuels et les objectifs de l'entreprise
- ⁘ Instaurer un principe de transparence
- ⁘ Contrôler les coûts liés à la masse salariale

3.1.2.1. Diverses politiques de rémunération par rapport au marché[14]

1. *Offrir un salaire supérieur au marché (être à la tête du marché)*
    - Attraction de la M.O qualifiée ;
    - Réduit le taux de roulement ;

---

[14] www.regionautravail.com, la politique et structure salariales.

- Réduit le niveau de supervision requis ;
- Encourage les employés à fournir des efforts supplémentaires.

2. *Suivre le marché*
- Réduit les départs volontaires ;
- Semble faciliter le recrutement ;
- Risque moins élevé ;
- Majorité des entreprises ;
- Pas d'avantages ou d'inconvénients particuliers.

○ Type d'entreprise à avoir une telle politique de rémunération :
- Entreprise de grande taille ayant une bonne notoriété
- Entreprise où les frais d'exploitation sont liés aux immobilisations plutôt qu'à la main- d'œuvre ;
- Entreprise pouvant bien intégrer les coûts de main-d'œuvre aux prix des biens et service qu'elle offre.

3. *Etre à la remorque du marché*
- Entreprise en difficulté financière ;
- Réduction de la main-d'œuvre ;
- Présence d'autres conditions de travail compensant le manque ;
- Peut réduire le pouvoir d'attraction de la main-d'œuvre ;

3.1.2.2. Caractéristiques organisationnelles pouvant influencer la gestion de la rémunération[15]

- La taille de l'entreprise, - structure de l'entreprise, - Emplacement (prime de mobilité), - secteur d'activité, - secteur privé, public, municipaux, - présence d'un syndicat, - organisation de la stratégie de l'entreprise, - culture de l'entreprise, - effort en matière de la qualité, - organisation du travail, - stratégie du travail des RH, - technologie, - situation financière, Etc.

3.1.3. La détermination de la rémunération de base

La rémunération de base se définie selon différents critères, depuis 1950 les salaires sont fixés librement, soit par voie de convention collective, soit par accord d'entreprise ou par le contrat individuel de travail. Ce principe de liberté des salaires doit cependant

---

[15] idem

respecter un certain nombre d'obligations :

☺ Respect du SMIG

☺ Respect des minimas liés à la hiérarchie professionnelle

☺ Interdiction des clauses d'indexation

☺ Egalité des salaires Hommes / Femmes

☺ Tenue de la négociation annuelle obligatoire (en fonction des progrès, du budget, des performances sur N-1)

☺ Le paiement du salaire et des charges.

Le salaire de base étant la rémunération stable que l'employeur doit verser au salarié en contrepartie du travail fourni, il n'a pas à respecter le minima obligatoires de rémunération dans la mesure où il est complété par le salaire variable à hauteur des minima[16].

3.1.3.1. La fixation de salaire[17]

La liberté des salaires s'inscrit dans le respect des obligations légales, des dispositions conventionnelles et contractuelles.

3.1.3.1.1. Critère traditionnelle

Pendant plusieurs années, les salaires des grandes entreprises ont été déterminés par les grilles de rémunération, la progression des revenus de même que les promotions qui dépendaient essentiellement des critères comme les diplômes, l'ancienneté, l'expérience, les responsabilités et l'autonomie.

a. Les stock-options

Les stock-options constituent une forme de rémunération versée par les entreprises généralement cotées en bourse. Ce système permet à des dirigeants et à certains collaborateurs clés de l'entreprise d'acheter des actions à une date et à un prix fixé à l'avance.

b. Le panier de la ménagère

La réflexion du panier de la ménagère vise que le plus bas salaire permette à un

---

[16] www.l-expert-comptable.com, la politique de rémunération, 2010

[17] MUHIGIRWA M. D., *Evolution de rémunération dans les entreprises du secteur PME : la motivation du personnel est-elle la clé du succès dans les entreprises privées ?*, EUE, Allemagne, 2012

ménage de subvenir à ses besoins mensuels ; ses compositions sont déterminées à partir de la réalité du milieu.

c. Le salaire de qualification

L'élaboration d'une échelle de salaire repose sur une opération de qualification qui constitue un préalable à la gestion de rémunération. Elle implique une mise en place d'un échelonnement satisfaisant des postes les uns par rapport aux autres et d'un barème correspondant des rémunérations.

La qualification est une opération dont le but est d'évaluer l'importance respective des postes. L'opération est achevée lorsque chaque poste a un coefficient sur lequel repose la détermination de la rémunération. Ce processus comprend 5 phases :

i. *Etude et description des postes* (: liste des tâches, missions, responsabilités et relations réelles pour le poste) ;

ii. *Evaluation des postes* (définition de poste : liste des tâches, missions, responsabilités et relation telles qu'elles sont prévues par l'entreprise : c'est une norme);

iii. *Classification des postes*

Ces trois phases composent l'opération de qualification. La phase suivante permet de déterminer le grade des fonctions (barème de salaire)

iv. *Prix des postes/échelle des postes*

v. *Fourchette des salaires par poste*

d. L'échelle des salaires

L'échelle des salaires s'appliquant à la classification des emplois retenus dans l'entreprise, débouche sur la fixation pour chaque poste :

o D'un salaire minimal ;

o D'une fourchette mini-maxi constituant la plage de progrès permettant d'individualiser la rémunération en fonction des critères individuels. Toutes fois il faut éviter la cohérence entre échelle de salaire et le marché extrême des salaires.

3.1.3.2. Parts constitutives d'une rémunération globale

Salaire de base	85,7%

Heures supplémentaires	1,1%
Primes d'ancienneté	2,2%
Primes liée au poste	1,7%
Complément lié à la performance individuelle	3,7%
Autres	5%
Total	100%

Source : Enquête INSEE, 2007

Décomposition de la masse salariale selon la catégorie

Catégorie professionnelle	Salaire de base	Rémunération pour heures supplémentaires	Primes et compétences	Primes et compléments
Ouvriers	84,3	1,7	14	100
Employés	86,8	0,7	12,5	100
Agents de maîtrise	85,3	0,7	14	100
Cadres	87,6	0,2	12,2	100
ensemble	**85,6**	**0,9**	**13,5**	**100**

Source : MTAS-DARES, premières synthèses, janvier 2000

3.1.3.3. Contraintes (freins) à l'élaboration d'une politique de rémunération

o Manque de visibilité de l'activité de l'entreprise et de son budget à CT et MT ;

o Nécessité d'un management de proximité, d'une évaluation ;

o Prise en compte des contraintes de chaque poste de travail ;

o Pré requis négligés (ex : oubli du budget, pas de chef de poste) ;

o Incohérence avec les valeurs, la culture, l'organisation ou l'environnement de l'entreprise ;

o Rémunération du poste de travail sans prise en compte de l'expérience et des compétences du titulaire ;

o Non équité entre les salariés ;

o La compétitivité : *le benchmarking*[18] pouvant indiquer des faiblesses face aux concurrents.

---

[18] Termes recommandés en France par la DGLFLF (Journal officiel du 14/08/1998, voir FranceTerme et http://www.apfa.asso.fr/) et signifierait, la **référenciation**, l'**étalonnage** ou le **parangonnage** ; est une technique de marketing (mercatique) ou de gestion de la qualité qui consiste à étudier et analyser les techniques de gestion, les modes d'organisation des autres entreprises afin de s'en inspirer et d'en tirer le meilleur. C'est un processus continu de recherche, d'analyse comparative, d'adaptation et d'implantation des meilleures pratiques pour améliorer la performance des processus dans une organisation. Ce tableau illustre les quatre différents types de *benchmarking* :

Type de *benchmarking*	Description
Interne	Comparaisons par rapport à plusieurs services internes à l'entreprise
Compétitif	Comparaisons par rapport à des concurrents directs (producteurs de produits similaires)
Fonctionnel	Comparaisons par rapport à des services ou départements extérieurs

La politique salariale est le nerf de la guerre en terme de motivation et d'implication des collaborateurs, même si aujourd'hui un consensus se dégage pour affirmer que cet outil n'est pas (ou plus) prépondérant pour fidéliser ses salariés.

Quoi qu'il en soit, le système de rémunération doit respecter quelques principes de base pour être performant : il doit être équitable, stimulant, clair et simple... Il comprend globalement : un salaire de base (appelé également : fixe), des primes individuelles (pour favoriser la performance de l'individu), des primes collectives (pour fédérer une équipe et/ou l'ensemble des collaborateurs), et enfin des indemnités diverses (pour compenser la pénibilité du travail).

Aucun projet RH ne peut se passer d'une politique de rémunération ; c'est elle qui lui donne une crédibilité aux yeux des salariés. C'est un pas difficile à franchir pour les responsables qui, souvent, s'inquiètent d'une supposée perte de « liberté » ou redoutent l'effet inflationniste « fatal » de toute démarche dans ce domaine.

3.1.3.4. Contraintes liées à l'environnement concurrentiel et institutionnel[19]

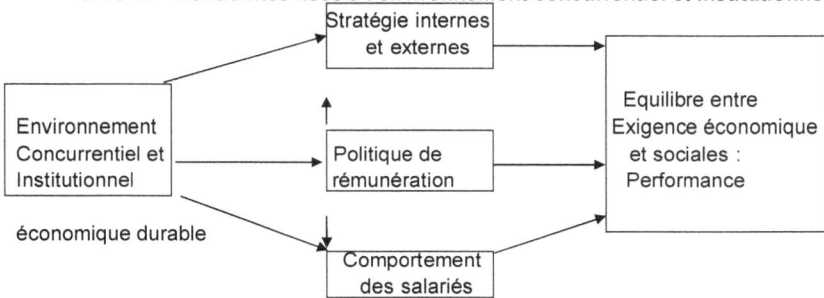

source : Sire et Tremblay in Peretti et Roussel, « les rémunérations, politiques et pratique pour les années 2000, Vuibert, 2000

Selon B. SIRE[20] et M. TREMBLEY[21], un GRH des rémunérations doit résoudre un problème d'optimisation sous contrainte de l'environnement constitutionnel, de l'exigence d'efficacité économique et des comportements individuels.

Les entreprises tendent à rémunérer prenant en considération :

- Les pratiques du secteur d'activité pour éviter des écarts trop importants et un antagonisme lié aux salaires. Les entreprises s'accordent au niveau professionnel et tendent à s'imiter ;

- Les pratiques nationales, ce qui influence notamment des aspects réglementaires.

3.1.4. Gestion stratégique de rémunération

Horizontal   Comparaisons par rapport au processus ou méthodes de travail

[19] Peretti et Roussel, « les rémunérations, politiques et pratiques pour les années 2000 », éd. Vuibert gestion, 2000, p.16

[20] Bruno SIRE est professeur de sciences de gestion-UT1 à Toulouse

[21] Michel TREMBLEY, lui est professeur à HEC Montréal

```
                         ┌─────────────────┐
                         │    Objectifs    │
                         │ Organisationnels│
                         └─────────────────┘
                                 ↓
                         ┌─────────────────┐
                         │  Stratégies de  │
                         │   Rémunération  │
                         └─────────────────┘
                                 ↓
┌──────────────────┐  ⟨  EQUILIBRE  ⟩  ┌──────────────┐
│   Rémunération   │                  │ Rémunération │
│     directe      │                  │  Indirecte   │
```

Eléments financiers Rémunération de base Rémunération incitative	Eléments financiers indirects	Eléments d'appui au développement de compétences	Eléments favorisant le bon fonctionnement de l'organisation

```
              ┌──────────────────────────────────────┐
              │ Atteinte des objectifs organisationnels │
              └──────────────────────────────────────┘
```

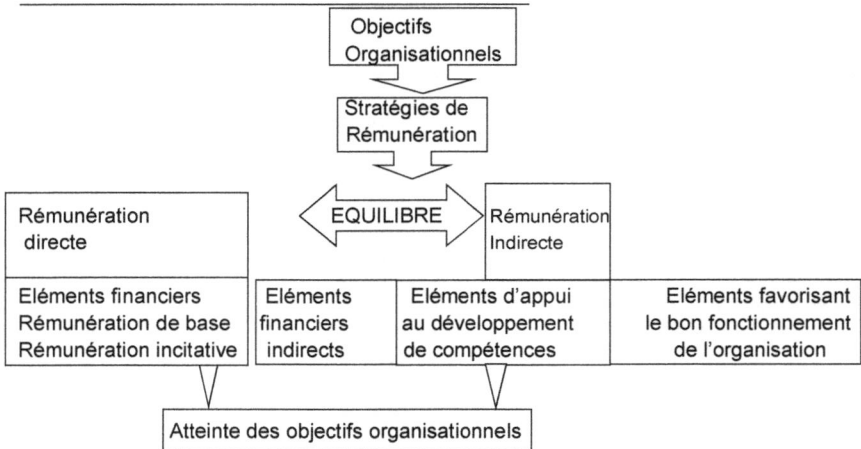

Pour que la rémunération devienne un moyen de gestion, les stratégies de rémunération doivent être cohérentes avec les objectifs organisationnels. Avant même de parler rémunération, il est essentiel de clarifier les objectifs de l'entreprise en se posant quelques questions comme par exemple :

- Quelle est l'importance de la MO au sein de l'organisation ?
- L'entreprise évolue-t-elle dans un marché compétitif ?
- Quels sont nos objectifs de développement ?
- Quelle capacité de payer de l'entreprise ?
- Quel investissement l'entreprise veut-telle faire dans son capital humain ?
- Etc.

Ensuite, identifier et choisir les éléments de la rémunération qui favoriseront les résultats et les comportements attendus. Toutefois, une stratégie complète de rémunération comprend des modes de rétribution directe et indirecte.

Viendra ensuite l'analyse des emplois, afin d'atteindre le plus haut niveau d'équité possible, même s'il est difficile d'atteindre une équité et un équilibre parfait au niveau de la rémunération. L'établissement des salaires de base doit se faire selon les responsabilités et les tâches de chaque poste et non en fonction des individus qui occupent ces postes.

Les méthodes d'analyse ont toutes les mêmes principes : évaluer l'ensemble des emplois selon les mêmes critères et de façon objective. Parmi les critères le plus souvent utilisés, on peut citer :

- Les qualifications et l'expérience

 Les responsabilités

 Les efforts intellectuel et physique

 Les conditions de travail.

Dans les dernières étapes, on déterminera les salaires qui apparaîtront dans la grille, établir les augmentations salariales possibles tout en comparant la rémunération fixée par rapport à l'ensemble du marché si l'on veut être compétitif.

Rémunération directe	Eléments financiers directs	• Salaire de base équitable et compétitif : rémunération horaire, hebdomadaire, annuelle, etc. • Bonis ou prime sur objectifs de rendement individuel et/ou en équipe • Bonis ou primes sur les objectifs de ventes globales de l'entreprise • Commission sur les ventes ou services • Participation aux profits • Octroi d'options ou d'actions de l'entreprise • Etc.
Rémunération indirecte	Eléments financiers indirects	• Assurances collectives • Primes aux initiatives • Allocations de dépenses d'affaires, • Etc.
	Eléments d'appui au développement des compétences	• Budget de formation par employé • Cotisation à une association professionnelle • Abonnement à des revues spécialisées • Achat des documents spécialisés • Temps disponible pour des recherches ou pour essayer un nouveau logiciel • Etc.

La rémunération repose sur les principes d'équité ; voyons plus en détail chacune d'elles :

Équité en emploi	Vise la représentation équitable des membres de quatre groupes protégés(les femmes, les membres de diverses communauté ethniques, les autochtones et les handicapés) et la suppression de la discrimination dans le système d'emploi[22]. L'équité en emploi n'est pas synonyme d'équité salariale, c'est permettre à toutes ces personnes d'avoir accès à l'emploi.
Equité externe	Consiste à vérifier que l'entreprise offre, pour des emplois semblables, une rémunération similaire aux autres organisations.
Equité interne	Permet d'assurer au sein d'une organisation que les salaires offerts sont équivalents pour des emplois de même valeur. Une évaluation des emplois doit être effectué en tenant compte des exigences relatives pour chacun des postes et leur apport à l'atteinte des objectifs de l'entreprise. La valeur relative des emplois est fonction de type d'organisation d'une entreprise.
Égalité salariale	L'égalité salariale vise à établir un rapprochement entre un travail et le salaire correspondant. Elle souscrit au principe « un salaire égal pour un travail égal ». Autrement dit, les personnes des deux sexes qui occupent la même catégorie d'emploi doivent recevoir un salaire égal.
Équité salariale	L'équité salariale a pour objet de corriger les écarts salariaux dus à la discrimination systémique fondée sur le sexe et a pour objet l'égalité dans la rémunération offerte à des femmes et à des hommes occupant des emplois similaires ou de valeur égale[23].Le travail peut être différent, mais jugé de valeur équivalente dans l'entreprise. L'idée est d'attribuer un même salaire dans le cas où les emplois seraient jugés équivalents en termes d'engagement, de formation, etc.

Définitions tirées de : L'équité salariale, une juste mesure, Commission de l'équité salariale, Québec, 2000.

Adopter une perspective stratégique en matière de rémunération suggère de faire un certain nombre de choix. Par définition, *une stratégie de rémunération* c'est un

---

[22] THERIAULT, Roland, ST-ONGE, Sylvie, *Gestion de la rémunération : Théorie et pratique*, Gaëtan Morin Editeur Ltée, 2000, p.345

[23] idem

ensemble de décisions majeures, délibérées ou non, sur un certain nombre d'aspects propres à la rémunération.

Quelles sont les décisions de rémunération susceptibles de peser sur l'efficacité organisationnelle? Les travaux théoriques et les recherches en rémunération ont permis de mettre en évidence un certain nombre de dimensions stratégiques qu'il importe de considérer.

Tel qu'illustré au tableau ci-dessous, on peut classer les décisions de rémunération en trois catégories : celles reliées aux *fondements du salaire*, à la *conception du système de rémunération* et à *sa gestion*.

Ce tableau n'a pas la prétention de cerner toutes les décisions en matière de rémunération, et ces décisions dites «stratégiques» n'ont pas toutes été l'objet d'une vérification empirique rigoureuse. Ce tableau doit être considéré davantage comme une «grille d'analyse» que comme une «liste exhaustive».

Tableau

Les fondements du salaire		Les éléments de conception du salaire	
Emploi	Habiletés	Politique salariale de suiveur	Politique salariale de leader
Équité interne	Équité externe	Salaire fixe	Incitatif
Hiérarchique	Égalitaire	Augmentations de salaire	Bonus
Ancienneté	Performance	Extrinsèques	Intrinsèques
Individuelle	Collective	La gestion des salaires	
Court terme	Long terme	Centralisée	Décentralisée
Aversion aux risques	Prise de risques	Secrète	Ouverte
Non-participation	Participation	Bureaucratique	Flexible

Source : Gomez-Mejia et Welbourne (1988)

L'ensemble de ces choix va constituer l'armature de la stratégie de rémunération. Selon Gomez-Mejia et Welbourne (1988), ces décisions de rémunération ne représentent que les extrémités d'un continuum. Les choix les plus appropriés pour l'entreprise peuvent se situer à l'intérieur de ce continuum. À titre d'exemple, l'entreprise devra se demander s'il est plus stratégique de *rémunérer les emplois ou les habiletés*, ou encore d'introduire un *système mixte*. Elle devra également choisir entre récompenser *l'ancienneté ou la performance*. Ce choix sera, bien évidemment, tributaire des objectifs de l'organisation. De la même manière, l'entreprise devra décider si elle accorde plus d'importance à la *performance individuelle ou de groupe*.

Pour prendre une telle décision, certains éléments devront être considérés. Est-ce la coopération à l'intérieur des équipes de travail ou l'entrepreneuriat individuel qui a la plus grande valeur ajoutée? Est-il possible de mesurer la performance individuelle ou celle des équipes de travail ?

3.1.4.1. Stratégies externes

Signalons en passant qu'il existe une tendance à l'alignement des politiques de rémunération sur les marchés financiers, des produits et du travail.

ω Marché financier : car la politique de rémunération envoie des signaux aux porteurs de capitaux et favorisent le développement de l'actionnariat, donc le marché financier influence la rémunération, notamment des dirigeants.

Le mode de gouvernance de l'entreprise (management ou gouvernement d'entreprise) a des effets sur le système de rémunération ;

ω Le marché des produits influence ou non le secteur d'activité de l'entreprise sur sa politique de rémunération. « la rémunération est une variable efficace quelque soit le contexte[24] ». En revanche, politique et rémunération doit être cohérente avec la stratégie globale du groupe.

ω Marché du travail : les périodes de sous-emploi relâchent la contrainte sur les rémunérations. La demande de travail élevée, les entreprises peuvent annoncer leur niveau de rémunération. La logique est différente en situation de plein emploi où la main d'œuvre est rare sur le marché. Il s'agit là d'un problème d'attraction et de rétention des compétences.

3.1.4.2. Stratégies internes

Parmi les stratégies internes, on peut épingler, comme canne en or :

✓ L'influence de la culture de l'entreprise

✓ L'influence des modes d'organisation du travail

Par exemple, le mode de management participatif qui sollicite certains des salariés sur base du volontariat rend difficile une rémunération des efforts perçue comme équitable.

---

[24] Denis chênevert, « la rémunération est-elle un éléments stratégique ? », document 20-2001, juillet 2001. Il est professeur de l'université du Quebec à Montréal, école de sciences de gestion, département organisation et RH.

La participation est en soi une rétribution (satisfaction de voir ses propositions prises en considération). La rémunération doit permettre d'atteindre les objectifs poursuivis. Chez Renault, p. ex., les équipes de projet, l'organisation qualifiante sont caractérisées par la polyvalence, la polyfonctionnalité, le management est participatif autour d'un pilotage et d'un autocontrôle des performances. Dans ces conditions, la rémunération basée sur la performance individuelle semble délicate car à partir de là se développent les rémunérations collectives (prix d'équipe, participation, intéressement, actionnariat, ...).

✓ Influence des problématiques de qualité

La rémunération doit participer à la création d'une culture qualité, encourager les comportements désirés, véhiculer une image externe quand l'importance accordée à la satisfaction des clients.

3.1.4.3. Comportements des salariés

C'est par son action sur les comportements que la rémunération peut avoir un véritable effet de levier sur la performance économique et sociale.

Pour qu'une politique de rémunération soit efficace, les impératifs d'équité et de justice organisationnelle mobilisent sa capacité à inciter à l'effort et faire accepter le changement (rémunération des compétences).

☺ *La justice organisationnelle*

La classification des postes permet de justifier leur hiérarchie et donc la hiérarchie des salaires et de corriger les anomalies. Cependant, la classification doit être légitime, souple pour s'adapter aux évolutions de l'environnement, entretenir le dynamisme et la motivation grâce à des espoirs de promotion.

Soulignons que la qualification renvoie au salarié, la classification, au poste. La rémunération selon la classification rejoint les pratiques d'organisation scientifique du travail (rémunération du poste selon sa classification).

Somme toute, les effets de la perception ont une incidence sur l'acceptation et les effets de la rémunération ; c'est ainsi que la théorie de l'équité intervient chez les individus pour évaluer le caractère juste ou injuste de ce qu'ils obtiennent par rapport à leur apport dans l'organisation. Rappelez-vous du fameux ratio contribution/ rétribution développé par Adams qui d'ailleurs ajoute : « *la perception du caractère juste ou injuste d'une situation est relative à une autre socialement identique qui va servir de référence. En effet, une situation n'est pas juste ou injuste dans l'absolu* »[25]. Et Leventhal qui s'inscrit dans un courant de pensée, suggérant que tous les échanges sont fondés sur une notion de juste

---

[25] Adams, J. S., ''Toward and understanding of inequity'', in Journal of Abnormal and Social Psychology, 1967, p.422-436

récompense de la contribution, nous pourrions dire, « *à travail égal salaire égal* », ajoute qu' afin d'éviter toute interprétation subjective d'iniquité, les procédures qui conduisent à la rémunération doivent être cohérentes rigoureuses, connu de tous et explicitées, mise en œuvres par des personnes sensibilisées au respect des individus, et rendent possible l'exercice d'un recours .

De ceci ressort l'influence relative de perception de justice distributive et de justice procédurale (rémunération équitable mise en œuvre par une procédure juste) que nous n'allons pas aborder maintenant et/ou considérée comme pré-requit.

☺ *Inciter à l'effort*

La rémunération peut inciter les salariés à participer et produire car l'effort dépend du passé mais aussi du futur et des mécanismes cognitifs (cfr motivation et théorie de Lawler et Porter).

Faire accepter le changement

Ici, il s'agit simplement de la volonté de lever les résistances au changement par des incitations financières qui visent notamment à développer les compétences *(rémunération des compétences*, c'est-à-dire, *rémunérer l'effort de la personne et pas seulement du poste)*.

3.2. Système de rémunération

A la question de savoir quelles sont les caractéristiques d'un bon système de rémunération, Marie-Agnès Blanc et Marie- Paule Le Gall [26] pense que, pour les commerciaux par exemple, le système doit être juste et conforme à ce qui se pratique sur le marché, qu'on doit laisser la place « *aux évolutions de salaires individuelles, et comporter une partie fixe importante ainsi qu'une partie variable liée à la fois aux résultats individuels et à ceux de l'entreprise* ».

Le processus de l'élaboration d'un système de rémunération commence par la détermination des objectifs et des résultats que désire atteindre l'organisation. Ce processus est souvent présenté comme le développement de votre philosophie en matière de rémunération, philosophie qui tient compte de plusieurs facteurs. *L'équilibre entre la rémunération directe et indirecte, la complexité et les responsabilités d'un rôle et le candidat ou l'employé appelé à assumer ce rôle*, de même que *l'attention que vous portez à l'équité interne ainsi qu'à l'équité par rapport à ce qui est offert sur le marché*, ne sont que quelques-uns des facteurs explorés dans cette section. C'est l'habileté à atteindre des

---

[26] Marie-Agnès Blanc et Marie- Paule Le Gall, Toute la fonction commerciale, Ed. Dunod, juin 2006, 512 p.

résultats qui est essentielle pour la réussite de votre organisation. Il faut également évaluer votre *capacité concurrentielle* à attirer des employés, déterminer si le rendement est lié à des augmentations de salaire mais aussi le système doit être basé sur les attentes de deux parties parce que la *rémunération doit permettre au travailleur la satisfaction* de tous ses besoins et ceux de son réseau.

Les entreprises sont toutes différentes : elles ne visent pas les mêmes objectifs et n'adoptent pas les mêmes stratégies. On aurait donc tort de dire qu'il existe un plan de rémunération idéal. Néanmoins, il est utile de rappeler quelles sont les qualités que tout bon système se doit d'avoir.

3.2.1. Qualités des systèmes de rémunération

En plus d'être flexible, motivant et assurer la paix sociale, transparent, c.à.d. connaître facilement et simplement comment il a été déterminé, Il doit renforcer chez le salarié le sentiment d'appartenance et la reconnaissance des efforts collectifs, la permettant l'adaptation et la réactivité aux différents contextes internes qu'externes et à leurs évolutions rapides ;

Ω Un système de rémunération doit être :
❖ Simple
❖ Equitable
❖ Sûre (garantie du salaire)

Ω Un système de rémunération pour les dirigeants doit être :
❖ Adaptable
❖ Motivant (stimulent)
❖ Compétitif

3.2.2. Variables de pilotage

Les variables de pilotage ou variables qui influencent le système de rémunération sont :
▣ de types macroéconomiques et microéconomiques,[27]on peut citer :
○ Taux d'inflation, taux de croissance, état du marché des rémunérations ;
○ Bénéfice de l'entreprise (résultat brut de l'entreprise : RBE), taux de profitabilité (=RBE/CA), ratio de rentabilité (=RBE/Capitaux propres), valeur ajoutée(VA), VA/effectif, marge brut d'autofinancement, ...

---

[27] Maximo Moreno, cours de GRH, inédit, IFSE, 2008,p.47

🔳 Individuelles : liées au poste occupé, à la performance de l'individu. On peut citer :

- o Le niveau d'emploi (N) déterminé par la classification des emplois ;
- o Performance (P) évaluée en fonction de la façon dont le collaborateur a occupé son poste ;
- o La capacité prouvée (C), fonction des réussites passées du collaborateur. Cette capacité prouvée peut aussi être repérée par la qualification ;
- o Le potentiel escompté (Pe), pronostic à CT sur les capacités futures du collaborateur à répondre aux exigences d'un emploi plus élevé ;
- o Le potentiel ultime (Pu), pronostic à LT sur ce que peut atteindre le collaborateur.

🔳 Le gestionnaire prend aussi en compte : l'âge du salarié, son ancienneté dans l'organisation, dans le poste et la situation familiale.

3.2.3. Variables d'action

Les variables d'actions ne sont autres que les composantes de la rémunération et sont constituées de :

☺ La rémunération directe : ce sont les éléments qui apparaissent sur le bulletin de paie d'un salarié et sur lesquels sont retenues les charges sociales. Elle se compose du/des :

❋ Salaire de qualification soit le SB et les augmentations individuelles qui sont irréversibles dépendant des paramètres différents selon le choix de l'entreprise (ex. ancienneté, poste, capacité, …)

❋ Le salaire de performance ou bonus (part réversible). Le bonus est souvent individuel mais peut être aussi octroyé à l'équipe si elle est de petite taille.

❋ Des primes diverses, fixes, variables, individuelles ou collectives qui sont liées soit à l'organisation du travail, à la fonction ou à la personne.

☺ Les périphériques légaux : intéressement, participation financière, plan d'épargne, stock-option, etc. Ils sont des bons compléments de la politique de rémunération. Ils sont généralement collectifs sauf la stock-option et sont dispensés de tout ou partie des charges sociales. Ils complètent le salaire mais n'ont pas le caractère égal ; ils donnent toujours lieu au versement d'une somme monétaire soit en fin de période (intéressement), soit après une période donnée de blocage.

☺ Les périphériques sélectifs ou « intensives » : avantages souvent en nature, variables et réversibles fréquemment utilisés comme gratification. Ils sont peu aisés à chiffrer, pose des problèmes de transparence, ce qui rend leur utilisation systèmatique, difficile et impossible à généraliser.

☺ Les périphériques statutaires : sont des œuvres sociales souvent gérées par le comité d'entreprise (CE) et les avantages généralement octroyés par l'entreprise comme les prêts à taux préférentiel, retraite, prévoyances, … en font parties.

☺ Périphériques légaux.

Bref, la mise en place d'une politique de rémunération totale ne peut être couronnée de succès que si elle est accompagnée d'une communication interne importante.

Gérard Donnadieu a proposé une mise en perspective, sous la forme d'une pyramide des rémunérations (qui n'est pas aussi différente de celui de Priouret), des différentes formes de rémunération (directe et différée, individuelle et collective, monétaire et en nature, …) Dans ce pyramide on trouve 4 strates, allant progressivement du plus visibles au moins visibles.

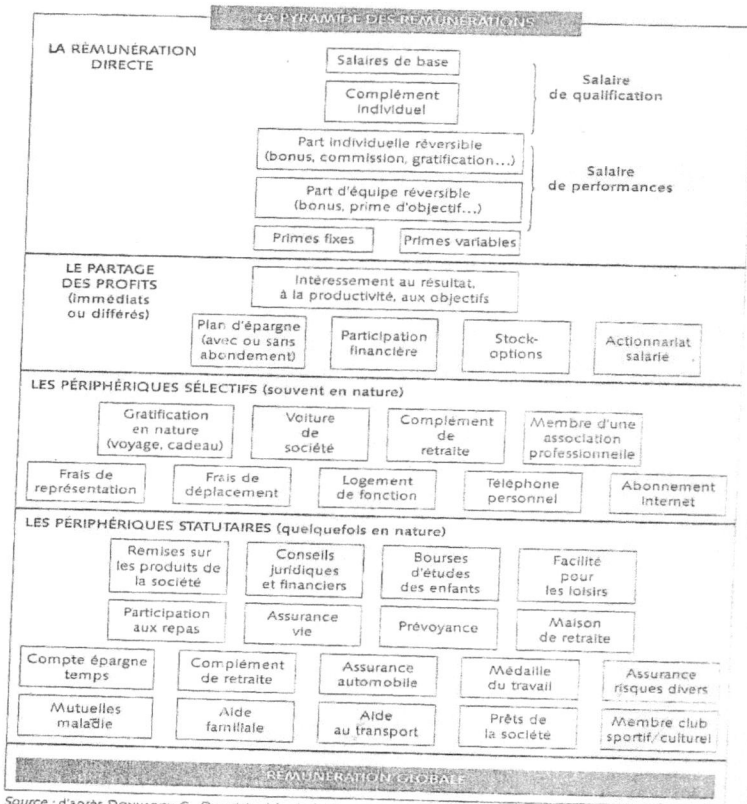

Source : d'après DONNADIEU G., *Du salaire à la rétribution*, 1997.

3.2.4. Quelques exemples de systèmes de rémunération

Les décisions qui influent sur les masses salariales sont des décisions individuelles ou générales relatives au salaire, les décisions relatives aux primes et à certaines charges sociales. Les principales décisions concernent les augmentations générales et individuels[28] :

a. **Les augmentations générales** : sont fonctions du coût de vie(à partir d'un indice de prix ou de dépenses), de la croissance économique et de la prospérité de l'entreprise.

---

[28] PERETTI J.M., *Ressources Humaines*, op. cit., p.17

52

Cette approche relativise le rôle du marché du travail dans la fixation des salaires.

Elles concernent tous les salariés de l'entreprise et ont pour objectif le maintien de l'amélioration du pouvoir d'achat. A travers le choix de formules d'augmentations non hiérarchisées ou semi-hiérarchisées, un objectif de relèvement de bas de salaires ou de limitation des hauts salaires peut être poursuivi. Ex : -Une augmentation de 2% pour tous = une *augmentation hiérarchisée ;*

-Une augmentation de 40$ pour tous = une *augmentation non hiérarchisée ;*

-Une augmentation de 2% avec un minimum de 40$ et un maximum de 60$ par mois est une *augmentation semi-hiérarchisée.*

Il existe également des augmentations catégorielles, lesquelles attribuées à un groupe d'agents même si le nombre en est un peu élevé ; c'est le cas de mesures touchant un atelier dont classifications et salaires sont revus (éventuellement après réorganisation).

b. **Les augmentations individuelles** : dépendent du poste (évolue en fonction de l'évolution du poste), des compétences ou capacités prouvées par le bénéficiaire, du potentiel, du pari(engagement mutuel entre des personnes qui soutiennent des opinions) fait par l'entreprise sur le salarié.

Elles peuvent se repartir en 3 catégories qui sont prise en compte et sont toujours exprimées en pourcentage de la masse salariale de l'ensemble d'une population : *l'ancienneté (années de service)* souvent reconnue comme critère d'augmentation de salaire, car il s'avère très objectif. Dans ce cas, les augmentations peuvent être effectuées annuellement. De façon générale, ce type d'augmentation influence la stabilité du personnel et tend à diminuer le taux de roulement ; *le grade et la performance*(rendement individuel) est un moyen de rémunérer le mérite, ici on voit plus l'effort (surtout réservé au cadres, et ce, depuis fort longtemps). Font parties de cette catégories :

❖ Le glissement, ce sont des augmentations accordées individuellement à des salariés sans que leur qualification ou la nature de leur travail ait changé. Ex : les augmentations individuelles attribuées sans changement du coefficient hiérarchique. Les augmentations « au mérite » indépendantes de toute promotion.

❖ Promotions(technicité),il s'agit d'augmentations individuelles liées au changement de qualification d'un salarié. Ils ont en règle générale, un impact immédiat sur le salaire. Un agent qui se situe dans cette partie supérieure de la fourchette d'un poste et qui est promu dans un poste supérieur peut pendant la période d'apprentissage du poste conserver la même rémunération.

❖ Vieillissement(ancienneté), l'évolution de la rémunération est due à l'augmentation individuelle des taux de prime d'ancienneté ou à l'application d'une grille d'augmentation automatique liée à l'ancienneté. Elle peut se traduire par un pourcentage du salaire minimum conventionnel ou par augmentation du nombre de points.

❖ Les heures supplémentaires : (prérequis législation sociale)

❖ Les primes et gratifications,13ième mois, primes de vacances, prime de fin d'année, prime de bilan, etc. - *Gratification contractuelle* : prévu par le contrat du travail, le ROI,la convention collective, l'acord d'entreprise ;

- *Gratification bénévole* :l'employeur decide en toute liberté de l'opportunité de leur versement et de leur montant.

❖ Les œuvres sociales, regroupent toutes sortes de dépenses à caractère sociale gérés au sein même de l'entreprise soit par l'employeur,soit par le comité d'entreprise. La quasi-totalité de ces dépenses a un caractère facultatif, c'est-à-dire non imposé par la loi ou le règlement.

3.2.5. Elaborer un plan de rémunération

L'élaboration d'un plan de rémunération officiel n'a pas besoin d'être un processus long et dispendieux. Une des choses les plus importantes à considérer au moment d'élaborer votre système de rémunération est d'obtenir le soutien, la compréhension et l'approbation de vos directeurs et de vos superviseurs.

En rappel, les étapes de base vers la création d'un plan de rémunération vont comme suit :

1. Définir les postes
2. Évaluer les postes
3. Établir un salaire pour les postes
4. Mettre le plan en œuvre
5. Annoncer le plan aux employés
6. Évaluer le rendement des employés

1re ÉTAPE : DÉFINIR LES POSTES

La première étape vers l'installation d'un plan officiel est de préparer une description de tâches pour chaque poste. Vous serez peut-être en mesure de rédiger ces descriptions vous-même, mais vous pouvez aussi demander aux employés de décrire leurs tâches et de réviser leurs descriptions.

Une description de tâches comprend habituellement :

- Le titre du poste
- Les liens hiérarchiques
- Les caractéristiques du poste
- Les tâches liées au poste
- Les qualifications requises (éducation ou formation officielle, expérience et bagage, conditions de travail inhabituelles)

Une fois terminées, les descriptions de tâches peuvent aussi être utilisées pour :

- Embaucher et former des employés
- Restructurer les tâches au sein de l'organisation
- Se conformer aux lois touchant les pratiques d'emploi et les salaires
- Évaluer le rendement en fonction des tâches assignées

2e ÉTAPE : ÉVALUER LES POSTES

Une bonne méthode d'évaluation pour les entreprises de 100 employés et moins est un système de classement de base. Pour utiliser ce type de système, les descriptions de tâches sont comparées les unes avec les autres et sont classées en fonction de la difficulté et de la responsabilité.

Après avoir classé les descriptions de tâches, l'étape suivante est de regrouper les postes semblables en ce qui a trait à la portée et à la responsabilité dans le même échelon de rémunération. Après avoir séparé les types de postes, vous pouvez organiser ces groupes en une série d'échelons de rémunération allant du plus élevé au plus bas.

Le nombre d'échelons dépendra du nombre de postes et de types de postes dans l'organisation. Une entreprise qui compte moins de 100 postes n'utilisera habituellement que 10 ou 12 échelons de rémunération.

3ᵉ ÉTAPE : ÉTABLIR UN SALAIRE POUR LES POSTES

☺ **Salaires**

Afin d'attribuer une valeur salariale à chacun de vos échelons, vous pouvez regarder quels sont les salaires actuels pour les postes semblables dans votre région. Vous pouvez obtenir les données dont vous avez besoin auprès de votre chambre de commerce locale, d'entreprises importantes de votre région, ou d'organismes gouvernementaux. Si vous faites partie d'une association professionnelle, cette dernière peut être en mesure de vous fournir les échelons salariaux standards pour les différents postes au sein de votre industrie. N'oubliez pas, vous devez payer vos employés au moins au salaire minimum établi dans la province.

Lorsque vous analysez les salaires de votre région, assurez-vous de comparer les descriptions de tâches, pas seulement les titres de postes. Les titres de postes peuvent être trompeurs et il y a normalement des différences dans la façon de décrire des postes semblables en fonction de l'organisation.

Après avoir recueilli un échantillon des échelons de rémunération locaux, vous pouvez calculer un salaire moyen pour chaque poste et l'inscrire dans la feuille de travail.

Par exemple :

Échelon	Poste	Salaire moyen
1	Commis-dactylo	574 $
2	Sténographe	635 $
3	Commis à la paye	687 $
4	Secrétaire	723 $
5	Aide-comptable	741 $
6	Opérateur d'ordinateur	815 $

☺ **Échelles salariales**

En fonction du salaire moyen, vous pouvez établir un point milieu et ainsi développer une échelle salariale. De façon générale, le salaire le plus bas d'un échelon équivaut à 85 % du point milieu et le salaire le plus élevé à 115 % du point milieu. Avec ce type d'arrangement, les nouveaux employés peuvent augmenter leur revenu jusqu'à 35 % sans changer de poste et reçoivent des incitatifs au rendement même s'ils n'ont pas eu une promotion.

Une fois que vous avez établi une échelle salariale pour chaque poste de votre organisation, le produit final ressemblera à l'exemple suivant :

Échelon	Minimum	Point milieu	Maximum
1	490 $	575 $	660 $
2	530 $	625 $	720 $
3	580 $	685 $	785 $
4	615 $	725 $	835 $
5	690 $	815 $	935 $

Ce genre d'échelle salariale vous permettra de situer la rémunération de vos employés et votre potentiel de rémunération en comparaison avec les taux du marché. Vous pourrez aussi voir d'un coup d'œil à quel endroit apporter des changements afin d'offrir des salaires justes et concurrentiels à votre personnel.

En général, une structure de rémunération planifiée devrait être en mesure de lier les salaires individuels au rendement et à la contribution envers les objectifs de l'entreprise. Ce système devrait aussi avoir assez de flexibilité pour accommoder des situations spéciales.

4ᵉ ÉTAPE : METTRE LE PLAN EN ŒUVRE

Lorsque vous avez un plan général, vous voudrez décider de quelle façon il sera géré afin de fournir les augmentations salariales individuelles. Vous pouvez utiliser différentes approches :

- Augmentations au mérite, accordées en reconnaissance du rendement et de la contribution
- Augmentation de la promotion pour les employés qui sont assignés à des postes différents dans les échelons supérieurs
- Une augmentation progressive du salaire pour les employés qui sont en dessous de l'échelon d'embauche minimum
- Augmentations probatoires pour les nouveaux employés qui ont atteint les aptitudes et l'expérience nécessaires
- Augmentations en fonction de l'ancienneté au sein de l'entreprise
- Augmentations générales, accordées afin de maintenir un revenu réel appréciable en fonction des facteurs économiques et de garder le salaire concurrentiel

La majorité des augmentations annuelles sont faites en fonction du coût de vie, de l'ancienneté ou de la situation du marché du travail. Vous pouvez utiliser plusieurs, toutes ou bien une combinaison de ces méthodes d'augmentation dans votre entreprise.

Il peut être utile de conserver un formulaire qui permet de documenter les augmentations de salaire et les raisons motivant cette augmentation. Ces documents sont importants pour les besoins de l'administration de la paye.

5ᵉ ÉTAPE : ANNONCER LE PLAN AUX EMPLOYÉS

Après avoir mis en œuvre votre plan de gestion de la rémunération, vous devriez considérer de quelle façon l'annoncer à vos employés. Avoir un bon programme est votre priorité, mais il est aussi très important de communiquer ce plan clairement et honnêtement à vos employés.

Assurez-vous que tous les superviseurs dans votre entreprise comprennent le plan et soient en mesure de l'expliquer au reste du personnel.

Il est aussi conseillé de revoir périodiquement le plan avec tous les employés.

6ᵉ ÉTAPE : ÉVALUER LE RENDEMENT DES EMPLOYÉS

Le dernier élément de l'administration de la paie est l'évaluation du rendement. La majorité des employés au Canada par exemple, travaillent dans un système d'augmentations de salaire au mérite, ce qui nécessite des examens et des évaluations périodiques du rendement des employés dans l'accomplissement de leurs tâches assignées.

Un plan d'évaluation du rendement efficace pour les employés :

- entraîne une meilleure communication bilatérale entre le directeur et l'employé
- harmonise le salaire de l'employé à son rendement au travail
- fournit une approche normalisée à l'évaluation de rendement
- aide les employés à comprendre leurs responsabilités et les attentes envers eux
- permet de fixer des objectifs à atteindre pour les employés

L'évaluation de rendement aide l'employé qui se fait évaluer, mais elle aide aussi le directeur à mieux comprendre l'entreprise. Une conversation ouverte entre l'employé et le directeur peut montrer à ce dernier les endroits où des améliorations sont nécessaires en ce qui a trait à l'équipement, aux procédures, à la formation ou aux autres facteurs qui pourraient avoir une incidence sur le rendement de l'employé.

Au moment de concevoir un système d'évaluation, il est conseillé d'élaborer un processus officiel. Une évaluation de rendement typique comprend des facteurs comme :

- les résultats obtenus
- la qualité du rendement
- le volume de travail
- l'efficacité à travailler avec les autres
- l'efficacité à travailler avec les clients, les fournisseurs, etc.
- l'initiative
- la connaissance de l'emploi
- la fiabilité

Le système de rémunération : système dynamique à trois composantes[29] :

Equilibre financier de l'organisation
(masse salariale)

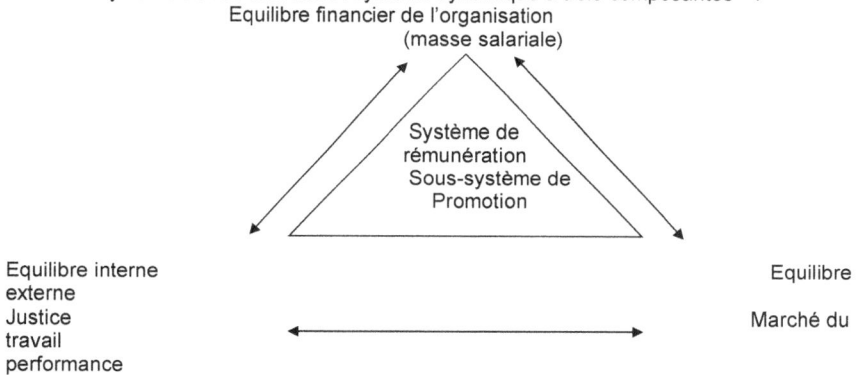

Système de
rémunération
Sous-système de
Promotion

Equilibre interne
externe
Justice
travail
performance

Equilibre

Marché du

La gestion des rémunérations peut donc être définie comme le pilotage d'un système complexe et évolutif à trois composantes.

Toutefois, et malgré la complexité du système à piloter, les responsables doivent s'attacher à définir des règles de fixation et de variation des salaires aussi simples que possible à mettre en œuvre, c'est-à-dire susceptibles d'être comprises, acceptées et donc de soulever l'adhésion des salariés.

---

[29] Nada Amar, Madiha et alii, op cit, p.13

♥ **Fiche technique**

COMPARAISON DES STRUCTURES SALARIALES DU PERSONNEL DE RECHERCHE ET DEVELOPPEMENT AVANT ET APRES LE REGROUPEMENT DES EMPLOIS EN BANDES D'EMPLOIS[30]

AVANT LE REGROUPEMENT DES EMPLOIS				
Emploi	Classe d'emplois	Salaire minimum	Salaire median	Salaire maximum
Technicien spécialiste adjoint	50	35 100$	43 800$	52 500$
Concepteur technique	51	40 020$	46 200$	55 380$
Technicien spécialiste	52	40 100$	48 800$	58 500$
spécialiste en technologie	54	44 160$	55 000$	65 940$
Technicien spécialiste en chef	55	46 620$	56 200$	69 780$
Conseiller-expert technique	57	51 900$	64 800$	77 700$
Chef de section	58	55 180$	68 900$	82 620$
Directeur de recherche et développement	58	55 180$	68 900$	82 620$
Directeur de projet	60	63 100$	78 800$	94 500$
Directeur des laboratoires	61	67 740$	84 600$	101 460$
Directeur de la technologie	62	72 860$	91 000$	109 140$
Directeur des essais	62	72 860$	91 000$	109 140$
Directeur de l'ingénierie	62	72 860$	91 000$	109 140$

APRES LE REGROUPEMENT DES EMPLOIS EN BANDES D'EMPLOIS			
bande	Zone de développement	Zone de référence	Zone supérieure
1. Technicien spécialisé	34800$-43 500$	43501$ - 54375$	54376-67968
2. Expert-conseil	51600-64500	64501-80626	80627-100784
3. Directeur	55000-68750	68851-85938	85939-107424

[30] THERIAULT, Roland, ST-ONGE, Sylvie, *Gestion de la rémunération : Théorie et pratique*, Gaëtan Morin Editeur Ltée, 2000, p.439

3.3. Maîtrise de la masse salariale
3.3.1. Augmentation de la masse salariale

La rémunération de base d'un salarié est susceptible d'augmenter dans quatre cas :

- ♠ Augmentations générales concernant la totalité du personnel de l'entreprise ;
- ♠ Augmentations individuelles à l'intérieur de la zone de progrès du poste ;
- ♠ Changement de poste dans le cadre d'une promotion ;
- ♠ Influence de l'ancienneté.

3.3.2. Evolution de la masse salariale

L'impact des mesures d'évolution de la rémunération d'un groupe ou d'un salarié s'apprécie en masse et en niveau :

3.3.2.1.   Evolution en niveau (ou glissement annuel):

C'est le pourcentage d'évolution de la rémunération d'une personne ou un groupe de personnes entre deux dates données. Dans la détermination de l'évolution en niveau, n'est pas pris en compte ce qui a pu se passer entre deux dates de mesure et on fait souvent cette mesure de Décembre à Décembre.

Ex_1 : salaire de John : Décembre 2013 = 2000$
Décembre 2014 = 2080$
Evolution en niveau de Déc 2013 à Déc 2014 = (2080- 2000) :2000 = 4%

Ex_2 : salaire d'un groupe X : Somme des rémunérations Déc 2013: 2000000$, effectif payé : 1000 personnes ;
Somme des rémunérations Décembre 2014 :2184000$,   effectif : 1050 personnes

a. Rémunération brute :

$$\left[\frac{2184000\$}{2000000\$} \right] -1 \quad \times 100 = 9,2\%$$

b. Rémunération moyenne : $\left[\frac{2184000\$: 1050}{2000000\$: 1000} -1 \right] \times 100 = 4\%$

3.3.2.2.   Evolution en masse

C'est le pourcentage d'évolution de la masse salariale annuelle d'une personne ou d'un groupe de personnes pour deux périodes données. Elle s'analyse généralement d'une année par rapport à une autre. Elle peut être différente de l'évolution en niveau.

Ex : John gagne 2000$/mois x 12 mois (2013) sa masse salariale =2000x12=24000$; en décembre 2014 son salaire= 2080$. Etudions l'évolution en masse de ces deux cas :

a. Augmentation en janvier : au janvier 2013 sa masse devient 2080$x12= 24960$; l'évolution en masse de 2014 par rapport à 2013= 4% c.à.d. $(\frac{24960}{24000} -1) \times 100$

Ici les augmentations en masse et en niveau sont identiques.

b. Augmentation en décembre : l'agent a eu une augmentation de 80$ en déc 2013, son salaire mensuel en décembre est bien 2080$.Masse salariale 2013 :(2000 x11)+(2080 x1) = 24080$

c. Evolution en masse de 2014 par rapport à 2013 : (24080 -1) x 100 =0,33%
$$\frac{(24080}{24000} -1) \times 100 = 0,33\%$$

Dans ce cas, l'augmentation en masse est très inférieure à l'augmentation en niveau. La différence provient de la date d'application de l'augmentation. Dans le cas d'un groupe, le calcul est le même que dans celui d'une personne.

3.3.3. Gestion de la masse salariale

Il faut dorénavant comprendre que l'évolution de la masse salariale résulte des décisions prises pour l'exercice et d'effets induits qui sont les conséquences :

- Décisions prises au cours d'une *période antérieure*, c'est l'effet report ;

- modifications quantitatives et qualitatives de la population étudiée entre deux périodes de références : *effet d'effectif, effet de structure, effet de noria*. Ces effets infléchissent l'évolution de la masse salariale en masse et en niveau.

♣ Effet noria : Le phénomène désigné par l'appellation traditionnelle de noria correspond à un allégement de la masse salariale, effectif constant, allégement qui s'explique par le *remplacement d'un collaborateur ancien par un jeune*, dont la rémunération est sensiblement inférieure à celle du premier. Dans un service ou une section, alors que l'effectif est resté le même et que des augmentations générales ont été pratiquées, on peut constater une réduction de la masse salariale totale.

Ex : Voici la rémunération annuelle d'une entreprise :

	Année A	Année B	Evolution
Jean Pedro	15000Fc	15600FC	+4%
Emmanuel SHOKOL	16000Fc	16320Fc	+2%
John John	17000Fc	17340Fc	+2%
Télésphor LUM	30000Fc		
Costasie		24000FC	-20%
	78000FC	73260Fc	-6,08%

Les salaires des trois premiers collaborateurs ont augmenté de 2,62% soit, au total 1260Fc ; mais le salaire du nouveau responsable entré en fonction le 1er janvier de l'année B(Costasie) est inférieur à 6000Fc à celui du cadre parti en préretraite le 31 décembre de l'année A (télésphor). L'effectif est constant (4 personnes), les salaires des collaborateurs ont suivi la hausse générale appliquée dans l'entreprise mais la masse salariale est inférieure de 6,08% dans l'année B à la masse salariale de l'année A. ce phénomène de baisse, imputable à un rajeunissement de l'effectif est généralement difficile à discerner au milieu des autres évolutions (généralement à la hausse), c'est *l'effet noria*.

♣ Effet d'effectif : c'est l'évolution de la somme de rémunérations entrainée par la *variation du nombre de personnes payées* au cours de chacune des périodes de référence.

♣ Effet de structure : c'est l'évolution de la masse salariale entraînée par le *changement de répartition de la population* entre différentes catégories au cours de chaque période analysée. (ex : évolution du niveau de qualification).

Chapitre Quatre :
Le paiement du salaire

4. Paiement de salaire et décompte final

4.1. Paiement de salaire

Le Code du travail ne prévoit aucune date de paiement des salaires. *Si le paiement du salaire afférent à une période de travail, il doit être effectué dans le délai le plus rapproché de la fin de cette période ; il peut cependant être admis que l'établissement des comptes individuels exige quelque délai pour permettre aux employeurs l'achèvement des opérations comptables.* la circonstance invoquée est seulement de nature à établir la bonne foi de l'employeur mais ne fait pas disparaître l'infraction.

Le non-respect, par l'employeur, de son obligation autorise :

- **le recours à la grève**, les grévistes ont obtenu une indemnité compensant les salaires perdus du fait de la grève;
- **le travailleur à rompre son contrat de travail sans observer le délai de préavis**, la responsabilité de la rupture incombe alors à l'employeur.

Il est d'usage courant que le paiement du salaire soit effectué sur les lieux du travail et durant les heures de travail, (CT l'art. 98 et svt.) le Code du travail interdit de payer le salaire :

- un jour où le salarié a droit au repos soit en vertu de la loi, soit en vertu d'une convention (jour de repos hebdomadaire, jour férié ou chômé),

- dans les débits de boissons ou magasins de vente, sauf pour les personnes qui y sont employées ;

Après avoir recruté un ou plusieurs salariés, l'employeur aura des obligations administratives supplémentaires à respecter : établissement des fiches de paie, établissement des déclarations de cotisations sociales à envoyer aux organismes compétents, dépôt d'une déclaration annuelle des données sociales, ... Pour les entreprises plus importantes, le comptable interne ou le service des ressources humaines sera généralement chargé de gérer la paie.

4.1.1. Etablissement des fiches de paie

Dès le moment où l'entreprise verse un salaire à un salarié, un bulletin de paie doit être remis à ce dernier. Certaines mentions figurent obligatoirement dans ce document et d'autres sont en revanche strictement interdites.

Les informations devant figurer obligatoirement sur un bulletin de paie sont les suivantes :
- A propos de l'employeur : Nom ou raison sociale, adresse, numéro d'immatriculation et référence de l'organisme auprès duquel sont versées les cotisations ;
- A propos du salarié : Nom, poste occupé, classification dans la convention collective ;
- La convention collective applicable ;

Figurent également :
- les éléments composant la rémunération brute, à savoir le nombre d'heures de travail, la quantité d'heures payées au taux normal et celles majorées (pour heures supplémentaires ou travail de nuit par exemple) en mentionnant le ou les taux appliqués, les accessoires du salaire soumis à cotisations (prime d'ancienneté, de bilan, pourboires, indemnité de précarité…) ;
- la nature et le volume du forfait pour les salariés dont la rémunération est déterminée sur la base d'un forfait hebdomadaire ou mensuel en heures, d'un forfait annuel en heures ou en jours ;
- les prélèvements sociaux et fiscaux : CRDS, CSG[31], cotisations salariales ;
- les sommes non soumises à cotisations (remboursement de frais professionnel) ;
- le montant de la somme effectivement versée au salarié (« le net à payer ») ;
- la date du paiement du net à payer ;
- éventuellement, les dates de congés payés compris dans la période de paie et le montant de l'indemnité correspondante ;
- le montant de la prise en charge des frais de transport publics ou des frais de transports personnels.

- Autre mention obligatoire : celle relative à la conservation, par le salarié, du bulletin de paie et ce, sans limitation de durée. Cette formulation peut être libellée comme suit : « pour vous aider à faire valoir vos droits, conservez ce bulletin de paie sans

---

[31] La contribution sociale généralisée (**CSG**) et la contribution au remboursement de la dette sociale (**CRDS**) sont des prélèvements fiscaux

limitation de durée ». L'employeur doit, quant à lui, conserver les bulletins pendant un délai de 5 ans à compter de leur émission.

En revanche, il est interdit de faire figurer les mentions suivantes :

- Toute mention relative au droit de grève ;
- Et toute mention relative aux fonctions de représentation du personnel.

4.1.2. Modes de paiement des salaires

L'employeur a la possibilité de payer les rémunérations de ses salariés :

- Soit en espèces, (en France p exemple, à condition que le montant n'excède pas 1 500 euros) ;
- Soit par chèque (souvent barré) ;
- Soit par virement.

Le paiement des salaires peut faire l'objet d'acomptes. Le code du travail ne prévoit les acomptes sur salaire que pour les salariés mensualisés, qui peuvent percevoir un acompte correspondant à la moitié de leur rémunération mensuelle s'ils en font la demande.

Lorsque les salariés sont mensualisés (cfr, *1978, loi sur la mensualisation* : officialise une pratique devenue courante dans les entreprises), le paiement du salaire doit intervenir au moins une fois par mois. Pour les autres salariés, le paiement du salaire doit intervenir au moins deux fois par mois, avec 16 jours d'intervalle maximum entre chaque règlement.

4.1.3. Etablissement des déclarations de cotisations

Pour acquitter les cotisations sociales, l'entreprise doit remplir un bordereau de cotisations contenant plusieurs informations et adresser son règlement avec le bordereau à l'organisme compétent(en RDC, mensuellement sont payés les IPR, INPP et INSS).Un tableau récapitulatif annuel doit également être fourni aux organismes sociaux avant une date fixée par la loi de l'année suivante.

Ex :

FEUILLE DE PAIE
MOIS DE : Novembre 2014

N°	Nom & Post nom	cat	Tens	SB	INSS			INPP	IPR	TOT RED	sif a	All. Fam	Log	Trans	Brut	NAP	Sign
					Q.O 3.5%	Q.P (5%)	TOT										
1	YY YY	M1	366	285	9,98	14,25	24,23	8,55	46,14	56,12	3	23,4	86	62	456,4	400,29	
2	ZZZ ZZ	III/3	206	161	5,64	8,05	13,69	4,83	17,7	23,34	1	7,8	48	52	268.8	245,47	
3	XX XX	III/2	178	139	4,87	6,95	11,82	4,17	13,45	18,32	3	23,4	42	52	256,4	238,09	
4	AV CS	II	133	104	3,64	5,20	8,84	3,12	8,16	11,80	5	39	31	52	226	214,2	
	TOTAL			689	24,13	34,45	129	20,67	85,45	109,58	12	93,6	207	218	1208	1098,05	

Fait à ……, le …/…./20…

BULLETIN DE PAIE MOIS DE:...

NOM et POST-NOM	DEPARTEMENT	FONCTION	CAT/Echelon	Nº INSS	Nº MATRICULE

1 Salaire de base mensuel=   Nombre d'heures payées au taux normal:......, Montant:............

2 Nombre d'heures Supp. majorées à 30%.......,à 60%......, à 100%........,Montant............

3 Nombre d'heures travail de nuit..................., Montant.....................

4 Prime individuelle :............,Prime collective.............Total:................

5 Indemnité de vie chère:...

6 Gratification/participation au bénéfice:.......................

7 Cas d'incapacité: ....Montant:2/3 = ...

8 Allocation de Congé:...

SALAIRE BRUT MENSUEL :...

SALAIRE BRUT	R E T E N U S L E G A U X					
	INSS			B.I.	IPR	SOLDE
	part patronale	part salarié	Total			

A U T R E S R E T E N U S			
Mutuelle	Prêt Socété	Syndicat	SOLDE
IND. DE LOGEMENT	IND. DE TRANSPORT	AL. FAMILIALE	TOTAL

N E T   A   P A Y E R

Nous disons ....

Fait à Goma, le..../..../20......

Le Service du Personnel

Pour acquit

REPUBLIQUE DEMOCRATIQUE DU CONGO
INSTITUT NATIONAL DE PREPARATION
PROFESSIONNELLE
I. N. P. P.
Crée par l'Ordonnance - Loi n°206 du 29/06/1964
DIRECTION PROVINCIALE DU NORD - KIVU
DIVISION ADMINISTRATIVE ET FINANCIERE
GOMA

Art. 15 LOI N° 15/ 2002 du 16 / 10 / 2002 portant Code du Travail

MODELE III   3375
DÉCLARATION DE REMUNERATIONS MENSUELES

I. IDENTIFICATION DE L'EMPLOYEUR :

N° MATRICULE : ....

DÉNOMINATION DE L'EMPLOYEUR :

SIGLE

NOM POST - NOM, PRENOM DU GESTIONNAIRE

SECTEUR D'ACTIVITE :

ADRESSE :

TELEPHONE :

E-MAIL :

COTISATION DU MOIS DE | | Année

CADRE RESERVE A L'INPP

DIRECTION : ....

VILLE : ....

DATE DE RECEPTION : ....

NOM DU CONTROLEUR : ....

CACHET & SIGNATURE : ....

Pour tout contact :
    E-mail : gomainpp_pnk2008@yahoo.fr

II. CALCUL DE LA COTISATION

A			B	C			
Rémunérations mensuelles des travailleurs (Expatriés et Nationaux)			Taux de la cotisation	Cotisation due : A x B			
			1%				
			2%				
			3%				
Personnel	Effectif	Rémunérations		GOMA	BUREAUX DE LIAISON	BANQUES / DEVISE	COMPTES
Expatrié					BENI	BIC / CDF	22002500510 - 74
National Permanent				GOMA : BIC / CDF : 22002500504 / 77	BENI	BIC / USD	22002500508 - 80
Occasionnel :							
* National					BUTEMBO	BIC / CDF	22002500513 - 20
* Expatrié				GOMA : BIC / USD : 22002500502 - 83			
Total					BUTEMBO	BIC / USD	22002500514 - 17

N. B. :

    * Ce document est rempli chaque mois

    * L'original plus une copie à retourner à l'INPP avant
      le 10 du mois suivant.

    * Joindre les feuilles de paie signées par les travailleurs

Je soussigné, ...certifie sincère et exacte la présente déclaration.
               (Nom et Qualité)

Fait à ...., le

Signature

Cachet de l'Entreprise

DECLARATION DE VERSEMENT DES COTISATIONS « MODELE VI »

INSTITUT NATIONAL
DE SECURITE SOCIALE

Réserve à l'INSS

PERIODE :

I. RENSEIGNEMENTS CONCERNANT L'IDENTITE DE L'EMPLOYEUR
 a) N° d'affiliation à l'INSS..
 b) Dénomination ou raison sociale...................................
 c) Adresse..

II. CALCUL DES COTISATIONS
 A. Pour les employeurs qui utilisent les travailleurs soumis au Code de Travail y compris les journaliers, les occasionnels et les travailleurs domestiques (Article 1er de l'Arrêté 0021 du 04 avril 1978 & point a de l'Article 7 du Code de Travail).
 Branche des pensions et risques professionnels
 - Montant brut des sommes payées aux travailleurs ....
 - Montant total pris en considération pour le calcul des cotisations **(R)**............
 - Montant total des cotisations $\frac{R \times 8,5}{100}$ (M1)

 B. Pour les employeurs qui utilisent les travailleurs soumis au Code de Travail y compris les journaliers, les occasionnels et les travailleurs domestiques (Article 1er de l'Arrêté 0021 du 4 avril 1978 & point a de l'article 7 du Code de Travail)
 Branche des allocations familiales (KATANGA uniquement)
 - Montant total pris en considération pour le calcul des cotisations **(R)**............
 - Montant total des cotisations $\frac{R \times 4}{100}$ (M2)

 C. Pour les travailleurs assimilés ; les apprentis liés par un contrat d'apprentissage ; les élèves des établissements d'enregistrement technique, des écoles professionnelles et artisanales, des centres d'apprentissages et des centres de formation professionnelle ; les stagiaires liés ou nom par un contrat de travail (Article 2ème de l'Arrêté 002 du 4 avril 1978).
 Branche des risques professionnels uniquement
 - Montant total pris en considération pour le calcul des cotisations (R)............
 - Montant total des cotisations $\frac{R \times 1,5}{100}$ (M3)

 D. Total des cotisations :(M1+M2+M3) = T............ (T)

III. RENSEIGNEMENTS STATISTIQUES
 - Nombre de travailleurs occupés au dernier jour du mois ....
 - Nombre de travailleurs assimilés........occupés........au dernier mois............
 - Nombre d'enfants bénéficiaires d'allocations familiales au dernier jour du mois........

V. CERTIFICATION
 Je (nous) soussignés............
 Certifie (ons) sincère et véritable la présente déclaration et déclare (ons) y avoir annexé une copie de chacune de feuille de paie ou documents tenant lieu établis dans le courant du mois.
 J'(nous) affirme (ons) sur mon (notre) honneur que tous les travailleurs qui ont été occupés pendant le mois figurent sur ces feuilles de paie.

Fait à ...., le ....

REPUBLIQUE DEMOCRATIQUE DU CONGO
MINISTERE DES FINANCES
DIRECTION GENERALE DES IMPOTS

SERVICE (1) ....   Numéro de dépôt

DECLARATION MENSUELLE DES IMPOTS
PROFESSIONNEL ET EXCEPTIONNEL SUR LES REMUNERATIONS

Salaires du mois de (2) : ....   Année : ....

I. IDENTIFICATION DU REDEVABLE (3)

Nom ou Raison sociale :	NUMERO IMPOT
	Numéro Id. Nat.
Sigle :	Adresse Postale :
Adresse Physique :	N. Téléphone :
	Adresse E-mail :

II. CALCUL DE L'IMPOT (4)

CATEGORIE SALARIALE	NOMBRE	SALAIRES VERSES	MONTANT I.P.R.	MONTANT I.E.R.	IMPOT TOTAL DU
Nationaux Non Imposables					
Nationaux Imposables					
Expatriés Non Imposables					
Expatriés Imposables					
Associés actifs					
Exploitant individuel					
Personnel occasionnel					
Total par colonne					
MONTANT TOTAL A PAYER					

III. MODE DE PAIEMENT (5)

Espèces	Avis de Certification	Chèque certifié	Virement
MONTANT PAYE			

Fait à ...., le ..../........./...........

Sceau de l'entreprise	Nom et qualité du signataire	Signature

IV. RESERVE A L'ADMINISTRATION (6)

N. de la Quittance	Date de la Quittance	Cachet de l'Administration

0225712

4.2. Le décompte final

Il est important de comprendre que le décompte final intervient à la clôture d'un processus qui a trait aux mesures disciplinaires, où chaque situation est particulière et que plusieurs aspects légaux doivent être considérés. Ici, cette partie n'a pas pour objectif d'indiquer comment agir lors d'une telle circonstance, mais plutôt de faire prendre conscience que ce type de situation est complexe à gérer et qu'il faut absolument se référer aux lois ou se faire conseiller par des spécialistes en la matière.

Dans un contexte d'échange de service, il faut se rappeler qu'il est dans le droit de l'employeur d'avoir des attentes à l'égard du service pour lequel il rémunère un salarié. Selon ce principe, l'employeur s'attend à ce que le salarié agisse selon un comportement qui respecte les valeurs, les règles et les politiques en vigueur dans l'entreprise. Pour ce faire, le salarié doit être en mesure d'adopter une attitude professionnelle, d'offrir une bonne collaboration et de respecter l'ensemble des règles internes de l'organisation.

Toutefois, il arrive qu'un salarié omette, de façon volontaire ou non, de respecter une ou plusieurs de ces règles. Par conséquent, il est de la responsabilité de l'employeur de valider les faits et de rencontrer l'individu pour en discuter. Lorsque la problématique exige des mesures correctives tels un avis disciplinaire, une suspension ou encore un congédiement, il est essentiel que le salarié ait été informé des règles qu'il a transgressées. Ainsi, les nouvelles philosophies de gestion incitent l'employé à se responsabiliser davantage en explorant les raisons qui le poussent à agir de la sorte. L'employeur doit toujours avoir pris le temps d'expliquer ses attentes à l'employé, de lui apporter son soutien dans la recherche de solutions avant d'entamer une mesure disciplinaire. Faisant, il serait incohérent de parler décompte final sans avoir une notion sur les mesures disciplinaires.

4.2.1. Mesures disciplinaires

Avoir à faire face à une situation demandant l'application de mesures disciplinaires est une préoccupation importante pour la majorité des entreprises. Il est difficile pour les gestionnaires de choisir les actions appropriées en fonction du bien-être de l'entreprise et de l'employé, tout en respectant les nombreuses lois. Une nouvelle philosophie de plus en plus en vogue concernant les mesures disciplinaires est celle qui permet à l'employé d'être partie prenante dans le choix d'une sanction.

Avec cette nouvelle approche en gestion de la discipline, l'employé est libre d'explorer les raisons qui le poussent à poser des gestes allant à l'encontre des règlements et politiques internes en vigueur dans l'entreprise (Grote 2001). Suite à l'identification des causes du comportement inadéquat, l'employé est en mesure de mettre de l'avant un plan visant à améliorer son comportement.

Les mesures disciplinaires cherchent à Instaurer un processus juste et équitable pour tous, mais aussi modifier un comportement ou tout acte répréhensible commis par un employé.

4.2.1.1. Quelques définitions[32]

♠ **Faute disciplinaire :** manquement volontaire du salarié qui commet des actes fautifs dans l'exercice de ses fonctions ou qui déroge aux règles internes de l'entreprise.

La négligence ou l'insubordination sont considérées comme des fautes disciplinaires. D'autre part, l'incompétence et l'incapacité physique ou mentale de remplir les fonctions pour lesquelles le salarié a été engagé ne constituent pas des fautes disciplinaires.

♠ **Faute grave :** acte ou omission dont l'importance entraîne le congédiement immédiat du salarié qui en est l'auteur et libère l'employeur des obligations attachées à l'avis de cessation d'emploi. La faute grave peut résulter d'un seul acte ou d'une seule omission, mais également d'une série de faits répréhensibles de moindre importance qui se répète malgré des avertissements sérieux, et dont l'accumulation rend nécessaire la rupture immédiate du contrat de travail.

♠ **Faute professionnelle :** manquement commis volontairement ou non par le salarié dans l'exercice de ses fonctions entraînant des conséquences dommageables pour l'entreprise ou causant un tort grave à l'usager ou au client en raison d'une négligence ou d'une erreur. La faute professionnelle peut constituer une cause juste et suffisante de congédiement, voire (et même) une faute grave, selon les circonstances.

♠ **Sanction disciplinaire :** mesure répressive infligée par l'employeur au salarié pour une faute disciplinaire. Les principales formes de sanctions disciplinaires sont les suivantes : avertissement, amende, perte d'avantages particuliers, mise à pied disciplinaire, rétrogradation et congédiement.

♠ **Gradation des sanctions :** principe selon lequel l'employeur doit sanctionner graduellement les fautes disciplinaires répétitives du salarié avant d'en arriver à le congédier. La nature et la gradation des sanctions peuvent varier selon les entreprises et la gravité de la faute.

---

[32] Selon le lexique de la Commission des normes du travail sur : http ://www.cnt.gouv.qc.ca/fr/gen/lexique/index.asp

4.2.1.2. Étapes des mesures disciplinaires

La direction de l'entreprise utilise généralement les mesures disciplinaires afin de corriger un comportement, un geste inadéquat ou tout acte répréhensible commis par un employé. Cette façon de procéder vise principalement à éliminer le comportement fautif afin qu'il ne se reproduise plus, mais également à inciter le salarié à corriger lui-même son comportement.

L'application de mesures disciplinaires doit s'effectuer en prenant soins de respecter une gradation dans le niveau des sanctions imposées. Ainsi, il n'existe pas de solution « miracle » applicable à tous les problèmes rencontrés. Chacun des cas est unique et doit être analysé et traité séparément. Les mesures disciplinaires mises en place par la direction afin de corriger un écart de conduite doivent être notées et portées au dossier de l'employé et ce, pour l'ensemble du personnel de l'entreprise. Le dossier personnel de chaque employé contient des renseignements confidentiels qui nécessitent d'être gardés sous le contrôle exclusif de la direction. L'employé qui désire le consulter peut y avoir accès, mais il doit en formuler la demande à son supérieur immédiat.

Le modèle ci-dessous peut constituer un outil intéressant dans l'application de sanctions disciplinaires, il suggère une série d'étapes à respecter dans la gradation des sanctions pour l'application de mesures disciplinaires. Selon la gravité de la faute, une étape peut être réalisée une deuxième fois avant de passer à la mesure suivante. En effet, l'intensité des sanctions disciplinaires peut varier du simple avertissement verbal au congédiement, en passant par l'avertissement écrit, l'amende, la perte d'avantages particuliers, la mise à pieds disciplinaire et la rétrogradation. Il est donc essentiel de distinguer l'importance de chacune de ces infractions et la gravité de la sanction pouvant être appliquée.

```
         ┌──────────────────────────┐
         │ Première mesure :        │
         │ Entrevue de conciliation │
         │ et avertissement verbal  │
         └──────────────────────────┘
┌──────────────────────────┐      ┌──────────────────────────┐
│ Quatrième mesure :       │      │ Deuxième mesure :        │
│ Congédiement ou          │      │ Entrevue de conciliation │
│ Suspension               │      │ et avertissement écrit   │
└──────────────────────────┘      └──────────────────────────┘
         ┌──────────────────────────┐
         │ Troisième mesure :       │
         │ Entrevue de conciliation,│
         │ avertissement écrit et   │
         │ mesure disciplinaire     │
         └──────────────────────────┘
```

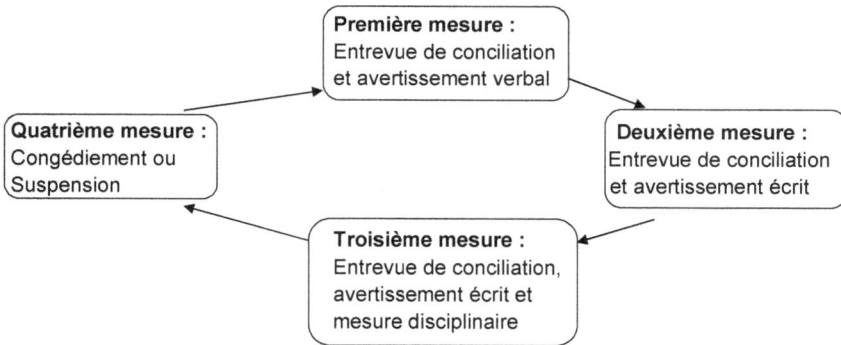

ÉTAPE 1 : Entrevue de conciliation (phase explicative)

1. L'entrevue de conciliation doit se faire en privé.

2. On discute du problème ou de la situation, et une solution est recherchée conjointement afin d'y remédier. Une période de temps sera déterminée afin de permettre à l'employé d'apporter les correctifs qui s'imposent.

3. L'avertissement peut être verbal ou écrit.

4. Une note écrite de ce qui a été discuté lors de l'entrevue doit être portée au dossier de l'employé.

ÉTAPE 2 : Entrevue de conciliation (phase incitative)

1. L'entrevue de conciliation doit se faire en privé.

2. On discute des solutions envisagées antérieurement et on évalue si elles ont été mises en application correctement. On fait ressortir les comportements positifs et inadéquats. On indique clairement les attentes et on spécifie les changements attendus.

3. L'avertissement doit être consigné par écrit et remis à l'employé.

4. Une note écrite de ce qui a été discuté lors de l'entrevue et l'avertissement écrit doivent être portés au dossier de l'employé, de même qu'une copie de l'avertissement écrit.

ÉTAPE 3 : Entrevue pour mesure disciplinaire (phase corrective)

Si les changements souhaités ne se produisent pas au cours de la période déterminée lors de l'entrevue précédente, la direction aura recours aux mesures disciplinaires. La mesure disciplinaire appropriée doit être déterminée par la direction en considérant la gravité de l'infraction commise, le dossier de l'employé, son ancienneté et les circonstances entourant l'infraction. S'il s'agit d'une infraction répétée que l'on tente de corriger depuis plusieurs fois, la suspension sans solde est appropriée. Il faut faire attention : chaque cas n'évolue pas de la même façon.

1. L'entrevue doit se dérouler en privé.

2. Un rapport de la rencontre doit être rédigé et les mesures disciplinaires doivent être écrites et portées au dossier de l'employé.

3. L'employé doit contresigner le rapport porté à son dossier et une copie doit également lui être remise.

4. Si l'employé est en désaccord avec les points discutés, il peut en faire mention et écrire une note à cet effet dans le rapport.

5. La mesure disciplinaire choisie par l'employeur doit être appliquée. À cette étape, et toujours selon la gravité de la faute commise, la mesure corrective pourrait être la suspension sans solde d'une durée de deux ou trois jours.

ÉTAPE 4 : Suspension ou congédiement (phase punitive)

L'organisation peut émettre, pour des raisons jugées sérieuses, des avertissements écrits en fixant des périodes raisonnables pour permettre un réajustement. Si l'employé ne se conforme pas aux demandes de l'employeur, il pourra subir l'une ou l'autre des mesures disciplinaires suivantes : *suspension sans solde ou congédiement.*

Nota Bene :

> ᴆ Pour une même faute, il ne serait pas démesuré de congédier un employé à qui un total de quatre mesures disciplinaires auraient été imposées à l'intérieur d'une période d'un an et ce, toujours suivant la gradation des sanctions. Il importe de mentionner que la décision finale revient à l'employeur quant à l'application des procédures et du rythme de gradation des sanctions.

> ᴆ Il est à noter que, pour en arriver à un congédiement, l'employé doit avoir commis une faute grave, tel un vol, ou que l'ensemble des sanctions ait été appliqué de façon progressive. Le dossier de l'employé doit être complet et contenir des informations précises sur toutes les sanctions imposées et sur les faits qui lui sont reprochés. C'est la meilleure façon de se préparer à faire face à une plainte que pourrait éventuellement déposer l'employé auprès des instances traitant ces genres de problèmes.

> ᴆ Pour chacune des sanctions disciplinaires infligées, l'employeur doit rédiger un avis qui résume l'infraction pour laquelle l'employé est réprimandé. Une copie de cet avis sera remise à l'employé et une autre sera portée au dossier de ce dernier.

> ᴆ Chaque geste fautif doit être appuyé par des dates et des faits précis et même, selon les besoins, par des documents formels. Il importe donc de choisir chacun des mots

avec précision pour ainsi éviter d'amplifier la faute disciplinaire et les mauvaises interprétations.

Modèle d'avis écrit pour une sanction disciplinaire

Lieu, date Madame ou Monsieur Adresse complète **Objet : avertissement écrit** Madame, Monsieur, La présente est pour vous signifier le manque de collaboration à l'égard de vos collègues quant à la rétention d'informations dans le cadre de vos fonctions d'agent de soutien aux utilisateurs, en ce 12 février 2014. Un premier avertissement verbal vous a été donné le 27 janvier dernier par votre supérieur immédiat. Cet avertissement portait également sur le manque de collaboration envers vos collègues de travail ainsi que sur le non partage d'informations. Lors de cette rencontre, votre supérieur a clairement énoncé les attentes de la Direction face à votre attitude au travail. Depuis, il n'a pu constater d'amélioration significative. À cet effet, veuillez considérer cette lettre comme un deuxième avertissement. Soyez avisé(e) qu'au prochain manquement, en fonction de son degré, vous serez passible d'un avis disciplinaire plus sévère et/ou d'une suspension sans solde d'une durée indéterminée. <u>En espérant de vous une bonne collaboration, veuillez accepter nos salutations.</u>

(signature)
Directeur ou directrice des ressources humaines

Nom de l'organisation

4.2.2. Le solde de tout compte

Le terme "décompte final" a souvent été mal compris, chacun y donnant le sens qu'il veut. Il signifie simplement "*détails des derniers calculs de ce qui est dû*" (Techniquement, on parle de "*Solde de tout compte*").

Au plan de la loi de la RDC (Code du travail), de façon général et indiscutable il y a d'abord globalement la rémunération (salaire) nette, de la période travaillée au courant du mois (au prorata des jours), les congés annuels non pris dans les limites légales qui sont transformés en indemnités, et autres avantages prévus dans le règlement d'entreprise (la loi fixe le minimum et le règlement peut fixer le surplus qui devient obligatoire : ex. 13ème mois, bonus, prime d'assiduité, une allocation de sortie, etc.)

La réponse de ce que vous doit en plus l'employeur à la fin de vos prestations comme travailleur dépend des plusieurs facteurs qui suscitent un questionnement : « quelle est la personne qui est à la base de la cessation du travail? »

- Le travailleur (démission) s'il s'agit d'un CDD en cours; il ne vous doit plus rien, c'est plutôt vous qui lui devez des dommages et intérêts pour n'avoir pas attendu la fin du Contrat (généralement le "patron" vous laisse car il faut saisir l'Inspecteur de travail puis le juge en cas de non conciliation) ;

- C'est le patron qui y met fin (licenciement) soit sans faute de votre part, soit pour faute de votre part ;

- ce n'est ni vous ni le patron mais des circonstances indépendantes de vos volontés.....

Le décompte final est l'une des causes de résiliation du contrat de travail. Il peut être établi en cas de désertion, de licenciement, de décès, de retraite et de démission.

La désertion est constaté lorsqu'il y a absences prolongées d'un agent au service. C'est chaque entreprise qui détermine dans la convention collective le nombre exact des jours pour déclarer qu'un salarié est déserteur.

Le licenciement est une sanction infligée à un salarié suite à une ou plusieurs fautes commises durant l'exercice de ses fonctions. Ici l'employeur doit respecter certaines mesures à savoir : la réprimande, le blâme, la mise à pied et enfin le licenciement qui peut être avec ou sans préavis même si c'est un cas de faute lourde cause de n'avoir pas respecté la procédure disciplinaire. L'ouverture d'une action disciplinaire peut ou ne pas être clôturée.

Lorsqu'une rupture du contrat de travail est à l'initiative de l'employeur, ce dernier a l'obligation, en principe, de verser une indemnité de licenciement au salarié, à laquelle d'autres indemnités peuvent s'ajouter. Les sommes versées au salarié au moment de la rupture de son contrat de travail sont alors mentionnées sur le *reçu pour solde de tout compte* qui lui est remis lors de son départ de l'entreprise.

Pour fixer ces indemnités, le Code du travail impose des montants minima calculés en fonction des règles qui suivent et qui sont applicables aussi bien aux indemnités perçues en cas de *licenciement pour motif personnel* qu'aux indemnités touchées après un *licenciement économique*. Il s'agit d'indemnités légales : le contrat de travail du salarié ou la *convention collective* applicable à l'entreprise peuvent toujours prévoir des règles plus avantageuses pour le salarié. C'est le cas de l'**Ancienneté** ; La loi prévoit le versement d'une indemnité de licenciement à tout salarié justifiant d'une année d'*ancienneté* ou plus, ininterrompue au service du même employeur. La condition d'ancienneté s'évalue à la date de la notification du licenciement (c'est-à-dire lors de la présentation de la lettre recommandée ou au début du préavis). Les périodes d'*apprentissage* sont comprises dans le calcul de l'ancienneté tout comme les périodes de *travail intérimaire* effectuées chez l'employeur lors des trois mois précédant l'embauche. Sont comptabilisées dans ce calcul les périodes de suspension du contrat faisant suite à une absence pour *maladie professionnelle* ou *accident du travail* ou consécutives à un *congé de maternité*, aux *congés payés*, à un *congé de formation*, y compris primes et *avantages en nature*.

- Aucune indemnité de licenciement n'est due en cas de **faute grave** ou de **faute lourde**.
  L'indemnité reste due si la faute a eu lieu pendant l'exécution du préavis.

Si l'employeur et le salarié décident de rompre le contrat de travail d'un commun accord dans le cadre d'une **rupture conventionnelle**, les indemnités perçues sont au moins égales au montant des indemnités qui auraient été versées en cas de licenciement.

- **Licenciement abusif :** Lorsque l'employeur n'a pas respecté la procédure légale mais que l'origine du licenciement est réelle et sérieuse, il peut être condamné à payer au salarié des *dommages-intérêts* afin de compenser le *préjudice* subi. Si le licenciement est jugé sans cause réelle et sérieuse, il s'agit alors d'un licenciement abusif donnant droit au versement d'une indemnité spécifique].
- **Indemnité de préavis :** Quelle que soit l'origine de la rupture du contrat de travail, et notamment en cas de licenciement, le salarié doit normalement effectuer un *préavis*.

L'employeur est tenu de verser une indemnité compensatrice lorsqu'il dispense le salarié d'effectuer son préavis. Et ce, même quand le salarié a retrouvé un emploi ou lorsqu'il ne peut exécuter son préavis du fait d'un *accident du travail*. Aucune indemnité n'est due en cas de *faute grave* ou quand le salarié demande à être dispensé du préavis.

L'indemnité compensatrice correspond aux rémunérations qu'aurait perçues le salarié si son préavis avait été effectué.

- **Indemnité de congés payés :** Quelle que soit la cause de la rupture du contrat de travail, le salarié a le droit à une indemnité compensatrice dans le cas où il n'a pas pu prendre tous ses congés. En cas de faute lourde l'indemnité n'est pas due.

Le préavis non effectué par suite d'une dispense de l'employeur est pris en compte pour le calcul des droits aux congés.

- **Date de versement :** En principe, les indemnités de licenciement sont versées en même temps que la dernière paie du salarié. Lorsque le salarié est dispensé d'effectuer son préavis, ce paiement peut intervenir lors du départ effectif du salarié.

- **Fiscalité :** Les indemnités de licenciement sont en principe imposables à l'*impôt sur le revenu professionnel(IPR)*. Néanmoins, ces sommes peuvent dans certains cas bénéficier d'exonérations fiscales.

Le décès engendre la rupture du contrat et c'est sans préavis. Ici on ne peut que se référer aux avantages tel que prévu par la convention collective de l'entreprise ou en posant un geste humanitaire à la famille éprouvée.

Quant à **la retraite**, la loi fixe l'âge à 65 ans pour les hommes et 60 ans pour les femmes et le salarié doit bénéficier de tous les avantages fixés par la convention collective de l'entreprise.

Lorsque **la démission** est à l'initiative du salarié pour des raisons personnelles, le demandeur peut ou ne pas solliciter la prestation du préavis, elle est dite *volontaire*. De son côté, l'employeur peut ou ne pas accorder la démission et dans le cas où il l'accorde, l'employé peut prester un préavis et il bénéficiera de tous les avantages prévus par la législation social ; c'est entre autre le préavis et l'ancienneté et tous les autres avantages prévus dans la convention collective de l'entreprise. Dans le cas ou l'employeur refuse d'accorder cette démission, le salarié perd les avantages prévus par la législation sociale.

Pour le cas de **démission involontaire** souvent liée aux cas graves, par contrainte (abus) sexuelle ou morale, injures graves, actes douteux, intimidation, la sécurité et/ou la santé du travailleur exposé aux dangers non prévus dans le contrat, etc.

Pour les deux cas de rupture du CT, le salarié a le droit de jouir des jours prestés et des indemnités de ses congés annuels impayés. Avant de passer au calcul du décompte final, le contenu de la lettre de démission doit être minutieusement exploité en vue de se fixer sur les éléments à prendre en considération.

Exemple₁

Goma, le20/02/2004

Monsieur,

Pour des raisons qui me sont personnelles, j'ai l'honneur de venir auprès de votre responsabilité en vue de vous présenter ma démission et ce, dès réception de la présente.

Veuillez agréer, Monsieur le Directeur, l'assurance de mon profond sentiment.

Votre ancien salarié

TUKUTUKU M.

Les renseignements de l'agent :

Nom et post nom :	Etat civil : M/2
Fonction : chauffeur	Salaire mensuel : 210$
Date d'engagement : 02/02/1998	Logement :
Date fin contrat : 20/02/2004	Allocation familiale :
Motif : démission volontaire	Transport :

Au vu de sa lettre ; il perd tous les avantages. Il a droit aux jours prestés; il a droit au congé annuel non encore bénéficié et aux arriérés de salaires ; il a droit au remboursement dans la caisse mutuelle et à une attestation de service rendu.

Quelques éléments essentiels avant le calcul

Art 64 du CT

Les agents du cat I à V : 14 jrs de préavis + 7 jrs par an

Les agents de Maitrise : 26jrs de préavis +8jrs par an

Les Cadres et personnel de direction : 78jrs de préavis +15jrs par an. (Rappelons que pour les agents de maîtrise et cadres, la référence est le code du travail, tome II, voir mesures d'application du code du travail, 13è édition, 1987).

La différence de cet article par rapport à l'article 141 du même code du travail qui accorde 12 jrs confondu à toutes les catégories (personnes de +18ans) et 18jrs (personnes de -18ans), réside au niveau de la convention collective de l'entreprise, des clauses du contrat de travail.

Exemple₂

Goma, le 04/01/2013

Concerne : Ma démission

Mr le chef d'entreprise

Mr,

Par la présente, j'ai l'honneur de venir déposer la présente dans le but de négocier ma démission. Dans le cas ou ceci rencontre votre consentement, conformément à la législation en vigueur, je suis prêts à prester mon préavis. Votre employé WAMUL

Renseignements sur l'agent :

I.   **IDENTITE**
              Nom   : WAMUL
              Post nom   : MIRE
              Prénom   : Ange
              Etat civil   : M
II. **MOTIF**   : Démission volontaire
III. **DATES**   : - Date d'engagement : le 15/01/2007
                                                    - Date de sortie   : le 04/01/2013
IV. **FONCTION**   : Secrétaire de direction
V.   **CALCUL**
              Eléments de calcul : jours prestés : 4jrs
              Ancienneté dans la carrière   : 7 ans
              Jrs de préavis légal   : Cat I à V :14jrs +7 = 14jrs+(7 x 7) =63jrs
              Congés non pris   2 exercices   : 24jrs x 2

      Partie taxable :

$$\text{Jours prestés} : \frac{300\$ \times 4}{26} = 46\$$$

$$\text{Préavis légal} : \frac{300\$ \times 14}{26} = 161,53\$$$

$$\text{Ancienneté} : \frac{300\$ \times 63}{26} = 726,9\$$$

Indemnité de congé :

$$\text{Exercice 2011} : \frac{(300\$ \times 24)}{26} = 277\$$$

$$\text{Exercice 2012} : \frac{(300\$ \times 24)}{26} = 277\$$$

$$\text{Pécule des congés} : 300\$ \times 2 = 600\$$$

Total$_1$ (46\$ +161,53\$+726,9\$+277\$+277\$+600\$) =**2088,43\$**

Déduction : INSS (QO=4%) = $\frac{(2088,43\$ \times 4)}{100}$ = 83,5\$

              IPR   (FF 10%)   = $\frac{(2088,43\$ \times 10)}{100}$ = 208,8\$

              Emprunt, avance et dettes de l'entreprise = 525\$

              Total$_2$:(83,5\$ +208,8\$+525\$) =**817,3\$**

Partie non taxable :

$$\text{Logement (30\% base)} = \frac{300\$ \times 30}{100} = 90\$$$

Indemnité de Logement payé: $\frac{90\$ \times 4jrs}{26} = 13,8\$$

Indemnité de préavis de logement : $\frac{90\$ \times 14jrs}{26} = 48,5\$$

Indemnité d'ancienneté sur logement : $\frac{90\$ \times 63jrs}{26} = 218,1\$$

Indemnité de logement sur congés annuels (2 exercices) : $\frac{90\$ \times 48jrs}{26} = 166,2\$$

Indemnité de transport : RAS (pris en charge par l'entreprise)

Total3 : $(13,8\$+48,5\$+218,1+166,2\$) = $**446,6\$**

VI. **NAP = $(Tot_1 - tot_2) + Tot_3$: $(2088,43\$ - 817,3\$) + 446,6\$ = 1717,73\$$**

(Nous disons, Dollars américains *Mille sept cent dix-sept soixante-treize centimes*.)

4.2.2. Calcul de l'indemnité de congé de reconstitution

En RDC, la loi portant statut du personnel de carrière des services publics de l'État stipule que : « Tout agent en activité de service a droit à un congé de reconstitution de 30 jours ouvrables par année entière de service. Le congé de reconstitution est pris chaque année selon les convenances de l'agent et les nécessités de service. L'agent peut cumuler les congés annuels auxquels il a droit pour deux années de service successives. Ce cumul doit s'étendre sur les trois quarts au moins de la durée de congé auquel il a droit pour ces deux années. Lorsque l'agent fait usage de cette faculté, la durée de congé est augmentée du temps normalement nécessaire à l'intéressé pour effectuer le voyage aller et retour du lieu de son affectation à son lieu d'origine. Dans ce cas, l'agent a droit à un titre de voyage pour lui et les membres de sa famille »[33]. Tandis que le code du travail fixe la « durée du congé d'au moins un jour ouvrable par mois entier de service pour le travailleur âgé de plus de 18 ans, elle est augmenté d'un jour ouvrable par tranche de cinq années d'ancienneté chez le même employeur ou employeur substitué »[34].

De toute façon, certains éléments sont importants dans le calcul, ils se trouvent condensés dans cet exemple rencontré dans une des entreprises de la ville de Goma.

---

[33] LOI 81-003 du 17 juillet 1981 portant statut du personnel de carrière des services publics de l'État, art 25.
[34] Loi 015/2002 du 16/10/2002 portant code du travail, art 141

I. **IDENTITE**
   Nom   : BOKA
   Post nom   : BIWA
   Prénom   : BIBICHE
   Salaire mensuel   : 250$
   Etat civil   : M+1

II. **DATES**   : - Date d'engagement   : le 17/09/2012
                           - Date début de congé : le 12/11/2013
                           - Date fin congé   : le 09/11/2013

III. **FONCTION**   : Réceptionniste

IV. **CALCUL**
   Indemnité de congé : $\dfrac{(250\$ \times 24)}{26}$ = 230,5$

   Pécule de congé   : $\dfrac{(250\$ \times 100)}{100}$ = 250$

   Jours prestés   : Seront payés le mois suivant

V. **TOTAL= NET A PAYER** : 230,5$ + 250$ = **480,5$**

(Nous disons, Dollars américains *Quatre cent quatre-vingt -cinq dixièmes*.)

EXERCICES

1. Aidez Mme Fizi Tchiba Christine à calculer son décompte final ; elle est mariée et mère des enfants. Elle ne bénéficie d'aucun avantage social dans la carrière. Elle est employée de bureau d'une entreprise FULAFULA. Le motif de sa démission est volontaire. La date de départ est fixée au 27/05/2013 alors qu'elle a intégré l'entreprise le 26/06/2012. Sa rémunération est mensuelle (250$). Elle a demandé une dette à la caisse (150$) et doit un réchaud au magasin (87$). Mme n'est pas affiliée ni à l'INSS, INPP et ne paye jamais l'IPR

DECOMPTE FINAL

I. **IDENTITE**

   Nom   : Fizi
   Post nom   : TCHIBA
   Prénom   : Christine
   Etat civil   : Mariée

II. **MOTIF**   : Démission volontaire

III. **DATES**   : - Date d'engagement : le 26/06/2012
                           - Date de sortie   : le 27/05/2013

IV. **FONCTION**   : commis bureau

V. **CALCUL**
- Jours prestés   : 1 mois
- Salaire mensuel : 250$

Total à payer **: 250$**

VI. **DEDUCTION** :
- Avance sur salaire = 150$
- Dette de réchaud = 87$

Total à déduire =150$ + 87$ = **237$**

VII. NET A PAYER :

250$ - 237$ = 13$

2. Calculez le décompte final en vous servant des renseignements ci-dessous. Un magasinier congédié par son employeur pour dégradation économique de ses activités. Date d'engagement : le 08/01/2007, Date de sortie le 21/06/2013. Le préavis a été accordé au salarié mais l'employeur épargne à l'agent de le prester. Les pertes répertoriées dans ce tableau ont été constatées lors des inventaires et un manquant de 200$ sur remise et reprise.

DATE	MONTANT
30/01/2012	1$
01/02/2013	219$
19/01/2013	50$
03/03/2013	94$
TOTAL	**364$**

Nom	: MAMADU	Salaire mensuel	: 300$/mois
Post nom	: KOME	Jours prestés	: 18 jrs
Prénom	: DOPELLE	Préavis légal accordé	: 14 jrs
Etat civil	: Marié+5	Congé annuel	: Apuré
Catégorie	: III/B$_1$		

85

IIème PARTIE :
PERFECTIONNEMENT POUR LE DEVELOPPEMENT DES COMPETENCES

Vers les années 70, la formation était encore considérée comme un coût supplémentaire que l'entreprise devait bien supporter. Petit à petit la formation professionnelle a alors progressé son statut vers celui d'un véritable investissement que l'entreprise devait réaliser pour lui permettre de se développer sur les nouveaux marchés afin de pouvoir répondre à ses objectifs stratégiques de développement.

Aujourd'hui, la formation est considérée comme action prioritaire propre à développer la compétition des entreprises. Ex : IBM consacre 12% de la masse salariale à la formation.

Tout salarié peut bénéficier de la formation professionnelle continue. Elle a pour objet de favoriser l'insertion ou la réinsertion professionnelle des travailleurs, de permettre leur maintien dans l'emploi, de favoriser le développement de leurs compétences et l'accès aux différents niveaux de la qualification professionnelle, de contribuer au développement économique et culturel, à la sécurisation des parcours professionnels et à leur promotion sociale.

La formation comme la rémunération est stratégique. Sans efforts particuliers de formation, il est illusoire (qui est sans effet, qui tend à tromper par une fausse apparence) de vouloir mettre en œuvre une stratégie d'entreprise qui requiert souvent des nouvelles compétences et/ou de nouvelles qualifications. Le rôle de la formation est de participer à la mise en œuvre de la stratégie globale de l'entreprise en rendant possible l'adéquation du patrimoine de talents, de savoir et d'expériences avec les grandes orientations stratégiques.

La formation intervient comme moyen d'ajustement entre ces besoins prévisibles et les ressources humaines dont on dispose. Cet ajustement peut d'ailleurs se réaliser à 2 niveaux :

- ***ajustement des ressources internes*** : se fait dans le cadre de formations d'adaptation ou de reconversion ;

- ***ajustement des ressources externes*** : s'effectue dans le cadre de formations à l'embauche et des formations d'intégration. Ex : Chez IBM, les ingénieurs commerciaux suivent une année entière de formation lors de leur entrée dans la société.

En tant que pratique impliquant des engagements financiers, la formation doit être gérée par l'entreprise au mieux de ses intérêts et de ceux de ses collaborateurs ; en clair, plus la formation est considérée comme un investissement, plus sa place est importante. Le défi lancé aux entreprises est d'amener la formation à être une pratique au service de la stratégie de l'entreprise tout en permettant aux collaborateurs de satisfaire leurs souhaits d'évolution. Il faut donc que, disait Y. Cannac[35] : « L'entreprise voit dans la formation le lieu où se gagne (se perd le cas échéant) la « bataille de la compétence ».

---

[35] Y. Cannac, *La bataille de la compétence*, Paris, Editions Hommes et Techniques, 1985

Chapitre Cinq :

FORMATION PROFESSIONNELLE DE PERFECTIONNEMENT

Objectifs spécifiques

- favoriser, par des actions de formation, le maintien dans l'emploi de salariés en contrat à durée indéterminée (ou en CDI ou CDD dans le cadre d'un contrat unique d'insertion) rencontrant des difficultés particulières.

- Conseiller les entreprises pour satisfaire aux exigences réglementaires ;

- Améliorer ses connaissances et valider ses expériences et de la qualité des prestations de ses services dans les entreprises ;

- Perfectionner le savoir-faire et le savoir-être au sein de l'entreprise en développant ses connaissances ;

- développer l'employabilité du salarié et de favoriser la cohésion et la réussite de l'entreprise ;

- Comprendre le bien-fondé de la formation et du perfectionnement, son rôle dans la prise de décision en matière de rémunération ;

- Aider les gestionnaires et les managers, les inciter à prendre les bonnes décisions en favorisant les formations dans et/ou en dehors de l'entreprise pour la réussite dans les affaires.

5.1. Définitions

Le perfectionnement désigne des activités d'apprentissage dont le but consiste à favoriser l'acquisition ou l'amélioration d'habiletés, de connaissances ou d'aptitudes qui sont reliées directement ou non aux tâches du salarié ou qui lui faciliteront l'accès à de nouvelles tâches. La formation constitue un apprentissage nécessaire pour accomplir un travail.

La formation du personnel est un investissement. Elle permet aux entreprises d'accroître les compétences et la productivité de leur main-d'œuvre tout en augmentant la qualité de leurs produits et services. Elle est une activité à valeur ajoutée qui favorise l'adaptation et la flexibilité des individus face aux défis à relever.

☞ *la formation, la compétence et l'entrainement à la tâche*

▦ **La formation** constitue un ensemble d'activités d'apprentissage planifiées. Elle vise l'acquisition de savoirs propres à faciliter l'adaptation des individus et des groupes à leur environnement socioprofessionnel. Elle contribue à la réalisation des objectifs, d'efficacité de l'organisation. La formation naît d'un besoin organisationnel et professionnel, et vise normalement l'atteinte d'objectifs précis pour un groupe d'employés donné.

- **L'entraînement à la tâche** constitue un ensemble d'activités visant l'acquisition, en cours de production, de connaissances, d'habiletés et d'attitudes liées à l'exercice de nouvelles tâches dans le cadre d'un poste donné. Il s'agit de situations où de nouvelles tâches qui sont attribuées à un employé et que des apprentissages précis, de courte durée, sont nécessaires à leur accomplissement. La formation se doit d'être qualifiante et transférable.

- **compétence,** une capacité à combiner et à utiliser les connaissances et le savoir-faire acquis pour maîtriser des situations professionnelles et obtenir les résultats attendus. Autrement dit, une compétence permet à l'individu d'effectuer une tâche de façon satisfaisante.

5.1.1. Cycle de formation

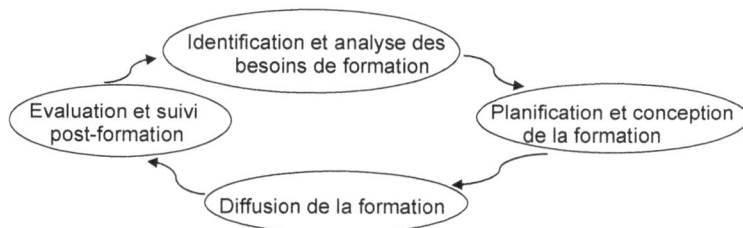

5.1.2. Quelques conseils

- o La formation est une activité de gestion des ressources humaines qui doit être réalisée selon un plan préétabli et avec la participation des employés.
- o Le diagnostic des besoins de formation et la diffusion de la formation doivent être effectués à un moment opportun afin de ne pas nuire à l'avancement des projets. Il faut éviter les périodes de surcharge de travail.
- o L'analyse des besoins de formation vise à déterminer si les problèmes de performance identifiés peuvent être améliorés par une formation, ou s'il s'agit de problèmes liés à l'organisation ou à la personne. La formation n'est pas le remède à tous les maux.
- o Il est essentiel que l'employé prenne conscience qu'il doit modifier ou développer de nouvelles compétences ou habiletés.
- o Un climat favorable à l'apprentissage doit être créé lors de la diffusion de la formation de manière à favoriser les échanges ouverts.

5.2. Objectifs de la formation

Le cycle de formation s'intègre au cœur du processus de gestion des ressources humaines et la formation contribue à atteindre des objectifs clés tels que :

- Augmentation de l'efficacité et de l'efficience de l'organisation (performance, qualité, polyvalence, santé et sécurité, etc.)
- Favoriser l'amélioration de la qualification des salariés.
- Favoriser la participation du plus grand nombre de salariés au perfectionnement.
- Favoriser l'amélioration de la qualité de vie au travail.
- Apport de solutions à la planification stratégique et concrétisation de la mission de l'organisation
- Accroissement des connaissances et habiletés des employés à tous les niveaux de l'organisation
- Valorisation du potentiel des gens dans leur adaptation au travail, lors de changements technologiques et dans leur développement de carrière.

5.3. Avantages du perfectionnement

5.3.1. Pour le salarié

Le stage de perfectionnement permet de/d' :
- acquérir des compétences supplémentaires, complémentaires et utiles à la fonction occupée ;
- élargir son domaine de compétences et ses possibilités d'évolution ;
- gagner en responsabilité et en mobilité professionnelles ;
- la formation de perfectionnement donne aussi la possibilité de développer ses connaissances en informatique/bureautique (Word, Excel, Pack Office, découvrir différents logiciels...), outil indispensable pour travailler efficacement.

5.3.2. Pour l'entreprise

La formation de perfectionnement permet à l'entreprise :

- d'accroître l'efficacité d'un poste et la compétitivité de l'ensemble de la structure ;
- de développer la mobilité de ses emplois ;
- d'élargir ses activités
- Une main-d'œuvre encore plus qualifiée
- Une meilleure compétitivité

- Une autre forme de valorisation pour les salariés
- Une plate-forme d'échanges entre compagnons et apprentis
- L'amélioration de l'esprit d'équipe et de la productivité
- Une réduction des pertes (temps, matériel, etc.).

5.4. Quand perfectionner

1971 : loi sur la formation professionnelle, véritable 'charte de référence' de la formation professionnelle ; elle propose plusieurs objectifs d'une actualité encore évidente :

☺ La reconversion

☺ L'adaptation aux nouvelles technologies

☺ La promotion sociale

☺ La formation des jeunes

1984 : étape de consolidation ; la loi précise et complète certains aspects de la loi de 1971 en donnant à la formation professionnelle une orientation nouvelle et surtout plus claire.

Dans la plupart des entreprises du millénaire, on cherche à perfectionner les agents :

- Quand on a de nouveaux équipements, matériaux, techniques ou procédés
- Pour acquérir une polyvalence
- Salarié soumis à une obligation de formation pour le renouvellement de son certificat de compétence.
- En cas de besoin et/ou sur demande (après évaluation)

Former un agent, c'est le rendre habile à son poste ; dès qu'il l'est, la formation est finie (cfr formation professionnelle du type taylorien).Toute démarche d'une politique de formation est basée sur l'intégration de la stratégie de l'entreprise avec les attentes individuelles des salariés. Cette formation intégrative vise à l'intégration maximale de ce dernier.

L'entreprise, peu importe sa taille, sa structure juridique est libre de mettre en œuvre ou non des actions de formation. Le besoin de formation est défini comme la différence entre « *ce qui est* » et « *ce qui devrait être* ».

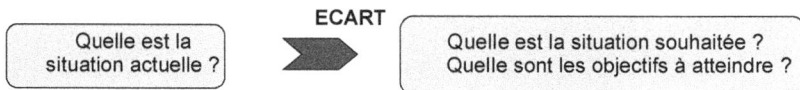

ECART

Quelle est la situation actuelle ?	→	Quelle est la situation souhaitée ? Quelle sont les objectifs à atteindre ?

Tout salarié peut bénéficier des actions prévues par le plan de formation dès lors qu'il est titulaire d'un contrat de travail.

La loi n'oblige pas l'employeur à mettre en place un plan de formation, mais il y est fortement incité.

L'employeur est donc libre de :

- déterminer sa politique de formation dans la stratégie de l'entreprise
- et de choisir les salariés qu'il souhaite en faire bénéficier ou selon le besoin après évaluation.

Le choix des bénéficiaires du plan de formation ne doit toutefois pas présenter de caractère discriminatoire à l'égard d'un salarié en raison :

- de sa situation familiale,
- de son orientation sexuelle,
- de son âge,
- de son origine ethnique,
- ou de ses activités syndicales.

Le schéma ci-dessous, proposé par BESSEYRE DES HOTS représente la démarche d'une politique intégrée de formation.

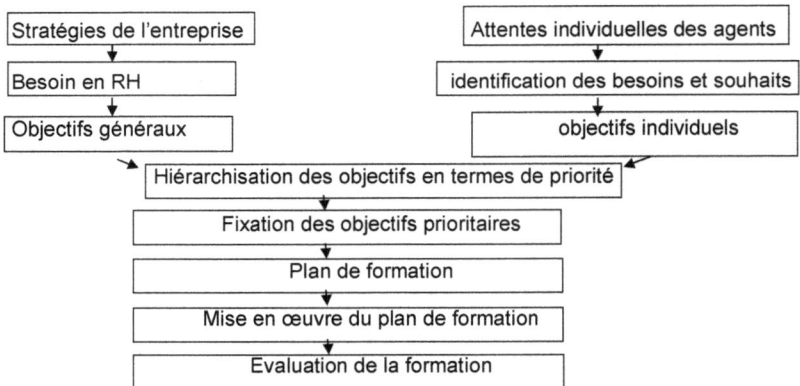

5.5. Modes d'accès à la formation

Quelles que soient la forme et la durée de son contrat de travail, le salarié peut se former en tout ou partie pendant le temps de travail. Le statut du salarié pendant la formation - c'est-à-dire sa rémunération, sa protection sociale, ses obligations à l'égard de l'employeur ou encore le mode de prise en charge des coûts de la formation - dépend du cadre juridique dans lequel il se trouve : plan de formation de l'entreprise, congé individuel de formation (CIF), droit individuel à la formation (DIF), validation des acquis de l'expérience (VAE), périodes de professionnalisation, etc. ;notons cependant qu'organiser une formation professionnelle dépend de :

❖ La culture clan ; ce type repose sur des valeurs de tradition et la formation est perçue principalement comme un moyen de renforcer l'unité du corps social de l'entreprise et de promouvoir les valeurs traditionnelles ;

❖ La culture adhocratique ; le mot adhocratie fait ici référence à un type de culture où les valeurs importantes sont celles d'innovation, de développement et de croissance. Ici on vise à l'adaptation permanente des RH et orientée vers un développement réels des potentiels. Elle fait appel souvent aux formateurs extérieurs (centres de recherches, universités, ...).

❖ La culture marché ; ce qui compte ici c'est atteindre les objectifs, réaliser les performances. La formation doit permettre aux gens d'être plus efficaces et compétents pour l'accomplissement de leur travail.

5.5.1. Le congé individuel de formation (CIF)

L'initiative de suivre une formation appartient ici au salarié qui remplit certaines conditions. Il choisit la formation qui lui convient. À son terme, le salarié retrouve son poste de travail ou l'équivalent.

Il existe d'autres congés avec des objectifs de formation plus spécifiques tel le congé de formation économique, sociale et syndicale, le congé de formation des membres du comité d'entreprise, ...

Normalement on s'engage dans un CIF,

• Pour accéder à un niveau supérieur de qualification grâce à une formation longue.

• Pour se perfectionner et évoluer dans son métier

• Pour changer de profession ou de secteur d'activité.

Tout salarié, qui en remplit les conditions, peut accéder à un congé individuel de formation, quel que soit l'effectif de l'entreprise et la nature de son contrat de travail.

- **Pour les salariés en CDI** : avoir une ancienneté égale ou supérieure à 24 mois consécutifs ou pas en tant que salarié dont 12 mois dans l'entreprise (36 mois dans les entreprises artisanales de moins de 10 salariés).

  Un délai « de franchise » entre deux CIF doit être respecté. Sa durée, qui dépend de celle du précédent congé individuel de formation, ne peut être inférieure à 6 mois ni supérieure à 6 ans.

- **Pour les salariés en CDD :** avoir travaillé 24 mois consécutifs ou non au cours des cinq dernières années dont 4 mois en CDD dans les 12 derniers mois. Le CIF se déroule en dehors de la période d'exécution du contrat de travail à durée déterminée. L'action de formation doit débuter au plus tard 12 mois après le terme du contrat. Cependant, à la demande du salarié, la formation peut être suivie, après accord de l'employeur, en tout ou partie, avant le terme du CDD.

- **Pour les salariés en intérim** : avoir totalisé, au cours des dix-huit derniers mois, 1600 heures dans la profession, dont 600 heures dans l'entreprise de travail temporaire où s'effectue la demande.

5.5.2. Le droit individuel à la formation(DIF)

Le droit individuel à la formation est un droit reconnu aux salariés disposant d'une ancienneté d'au moins un an dans l'entreprise : ils en ont donc l'initiative, même si, sauf en cas de rupture du contrat de travail, sa mise en œuvre requiert l'accord de l'employeur sur le choix de l'action de formation. Les salariés en CDD peuvent également accéder à ce droit, dans des conditions spécifiques. *Les apprentis*, ainsi que *les salariés en contrats de professionnalisation*, ne sont pas concernés, une formation leur étant déjà dispensée dans le cadre de leur contrat.

Afin de favoriser son accès à la formation professionnelle tout au long de la vie, chaque personne disposera dès son entrée sur le marché du travail, indépendamment de son statut, d'un compte personnel de formation. Ce dispositif, issu de la loi du 14 juin 2013 citée en référence, sera mis en œuvre selon des modalités qui devraient être déterminées dans le courant du second semestre 2013. Seront notamment précisées les modalités de fonctionnement du compte personnel de formation et les modalités de sa substitution au droit individuel à la formation et du transfert intégral au sein du compte personnel de formation des heures acquises au titre du droit individuel à la formation.

Le droit individuel à la formation (DIF) a pour objectif de permettre au salarié de se constituer un crédit d'heures de formation.

- **Les salariés en contrat de travail à durée indéterminée** (CDI) ayant au moins un an d'ancienneté dans l'entreprise. Ce droit leur est ouvert qu'ils soient employés à temps complet ou à temps partiel. Dans ce dernier cas toutefois, la durée des droits acquis au titre du DIF est calculée au prorata de leur durée de travail.
- **Les salariés en contrat de travail à durée déterminée (CDD)** peuvent bénéficier du DIF prorata temporis, dans la mesure où ils peuvent justifier de quatre mois en CDD (consécutifs ou non) au cours des douze derniers mois.

Les *apprentis* et les *salariés en contrat de professionnalisation* sont exclus de ce dispositif.

5.5.3. Validation des acquis de l'expérience (VAE)

Toute personne ayant exercé une activité professionnelle peut, sous conditions, bénéficier de la validation des acquis de l'expérience (VAE). C'est un droit individuel qui repose sur le consentement du candidat : elle ne peut pas être imposée. Cette condition n'est autre qu'avoir exercé une activité professionnelle de 3 ans minimum, et quel que soit son statut : *salarié, non salarié* (artisan, travailleur indépendant, agent public titulaire ou non, bénévole, commerçant, profession libérale, agriculteur, ...) et/ou *bénévole* (syndicale, associative, ...) et/ou *volontaire*. Ce dispositif permet l'obtention d'une certification (diplôme, brevet, certificat) validée par un jury et reconnue comme tel.

L'employeur (public ou privé) peut également décider d'inscrire dans un plan de formation une ou plusieurs actions de VAE pour un salarié ou agent. Dans ce cas, le bénéficiaire conserve son statut et notamment sa rémunération, la protection sociale, et ses obligations vis-à-vis de son employeur. Le refus de participer à une VAE ne peut constituer une faute ou un motif de licenciement.

Un demandeur d'emploi, indemnisé ou non indemnisé, peut également bénéficier d'une VAE sous certaines conditions. Notons enfin que, dans le secteur public d'État ou hospitalière , le droit individuel de formation (Dif) peut être utilisé pour financer la VAE, de même que dans le secteur privé .

5.5.4. Le bilan de compétence (BC)

Le bilan de compétence, ou bilan professionnel fait partie des différentes possibilités de formation continue professionnelle. C'est l'occasion de se remettre en question et de faire le point sur ses compétences, aptitudes et ses motivations et de définir un projet professionnel ou de formation. Il est réalisé par un prestataire extérieur à l'entreprise selon les étapes bien précises ; il peut être décidé par l'employeur ou par l'initiative du salarié. Ces trois étapes correspondent à trois rencontres avec le prestataire de l'organisme que vous aurez choisi. À l'issue de votre bilan de compétences, il vous sera remis un document qui récapitule ces trois phases.

1. Dans un premier temps, vous devriez justifier des raisons qui vous poussent à établir un bilan de vos compétences. Selon vos motivations, vous poursuivrez votre démarche (ou non). Cette étape vous permet d'analyser vos besoins.
2. Puis, vous analyserez vos compétences professionnelles et personnelles. Vous devriez réfléchir aux possibilités d'évolution qui s'offrent à vous en fonction de vos points forts et de vos points faibles.
3. Après synthèse de la phase précédente, vous serez amené à établir un projet professionnel ou un plan de formation. Un conseiller vous aidera à définir les étapes de la réalisation de ce projet.

Le bilan de compétences permet de :
- mettre à plat ses connaissances et savoir-faire ;
- repérer ses lacunes, ses points forts, mais aussi les compétences qui ne seront pas utilisées ;
- établir un projet d'évolution professionnelle, par la formation ou l'évolution au sein d'un service.

Le bilan de compétences constitue un pas en avant pour le salarié. Mais l'entreprise peut également tirer son épingle du jeu parce qu'il permet :

- de faire évoluer ses emplois ;
- de créer de la mobilité dans les services ;
- d'investir dans des plans de formations utiles ;
- d'utiliser toutes les compétences d'un salarié.

TD : En vous servant des points détaillés ci-dessus, évaluer votre bilan de compétences avant, pendant et après la formation dans cette institution académique. Quels sont vos points forts et faibles. Servez-vous de vos points faibles comme une opportunité et dite en quoi cette formation vous est-il important aujourd'hui et demain.

5.5.5. Remise à niveau

La remise à niveau entre dans le dispositif de la formation continue. L'adulte qui souhaite poursuivre une remise à niveau doit donc avoir quitté la formation initiale. Certains organismes qui dispensent des remises à niveau fixe un âge minimum de 17 ans. La remise à niveau peut s'effectuer selon la volonté du salarié ou du demandeur d'emploi :

- parce qu'il a identifié un besoin au cours d'un bilan de compétences ;
- parce qu'il se sent mal à l'aise dans l'une des tâches qui lui est confiée ;
- parce que, pour accéder à un emploi, il n'a pas le niveau dans un domaine.

La remise à niveau peut également s'effectuer à la demande de l'entreprise :

- parce qu'elle a identifié des lacunes chez l'un de ses salariés ;
- parce qu'elle souhaite déplacer un salarié vers un autre service, lui confier de nouvelles responsabilités.

Une formation professionnelle continue de remise à niveau est l'occasion d'approfondir votre culture professionnelle, qu'elle soit générale ou technique. En fonction de vos acquis de base, de votre niveau de départ (débutant, intermédiaire, confirmé), la remise à niveau sera plus ou moins longue et plus ou moins intense.

La plupart des organismes qui proposent des remises à niveau fonctionnent soit en formation à distance soit en cours du soir. Vous devrez dans ce cas réaliser votre remise à niveau en dehors de votre temps de travail, sur base de documents qui vous seront fournis par l'organisme. La remise à niveau ne nécessite pas de diplôme préalable, mais des connaissances de base, oubliées ou jamais utilisées, que la formation continue permettra de raviver.

Notre conseil : ne soyez pas gêné ! Vous ne vous entendez pas avec la grammaire et l'orthographe ? Ne vous inquiétez pas de savoir ce que vont penser vos collègues, ou même vos salariés même si vous êtes chef d'entreprise. Une fois la remise à niveau effectuée, vous ne ressentirez plus ce handicap.

Ex : Les remises à niveau peut concerner:

- le français : orthographe, grammaire, capacité de synthèse...
- l'apprentissage des bases de la gestion, de la comptabilité, du management...
- la communication : s'exprimer à l'oral, devant un public, communiquer avec ses salariés...
- le secrétariat : rédiger des courriers, répondre au téléphone...
- les langues : discussion, vocabulaire professionnel...
- de l'informatique .....

❖ Rappelons que les ***périodes de professionnalisation*** ont pour objet de favoriser, part des actions de formation alternant enseignements théoriques et pratiques, le maintien dans l'emploi des salariés en CDI, notamment ceux qui comptent 20 ans d'activité professionnelle ou qui sont âgés d'au moins 45 ans et disposent d'une ancienneté minimum d'un an de présence dans la dernière entreprise qui les emploie. La période de professionnalisation peut être sous l'initiative de l'employeur ou du salarié lui-même.

5.5.6. La formation continue pré-qualifiante

Selon les organismes, la formation pré-qualifiante est aussi appelée stage préparatoire, d'insertion ou de préprofessionnalisation. Elle dure généralement de quelques jours à quelques semaines et est toujours liée à la formation continue que vous envisagez suivre par la suite. Les stages de pré-qualification sont généralement proposés par l'organisme auquel vous avez fait appel dans le cadre de la formation professionnelle et constitue la première étape de votre projet de formation et peut avoir été définie dans le cadre d'un *bilan de compétences*.

Ce stage préparatoire à l'entrée en formation vous apporte :

- un approfondissement des connaissances techniques nécessaires à l'entrée en formation ;
- des éléments de base qui seront approfondis lorsque vous entrerez dans la formation ;
- des méthodes de travail qui vous serviront pendant la formation et dans votre activité future.

Si vous êtes demandeur d'emploi, la formation pré-qualifiante entre dans votre projet de formation et peut être prise en charge. La formation professionnelle peut être utilisée pour réaliser une mise à jour de vos connaissances dans un domaine précis.

La formation pré-qualifiante constitue :

- un laissez-passer à la formation continue professionnelle ;
- une aide à la validation de votre projet ;
- un aperçu du métier et de la formation que vous visez ;
- un premier pas dans les habitudes de la formation.

5.5.7. La mise à jour professionnelle

La mise à jour professionnelle ne nécessite pas de projet de formation de longue durée et dure généralement de quelques heures à quelques jours. La mise à jour professionnelle peut se faire en autodidacte. Vous pouvez vous-même vous renseigner sur les évolutions de votre métier. Pensez cependant que dans le cadre d'une formation professionnelle, vous obtiendrez un certificat ou une attestation de formation qui justifiera que vous avez suivi la mise à jour. Si votre mise à jour nécessite une autorisation d'absence, vous pouvez bénéficier d'un *DIF*. Dans certaines conditions, vous pouvez également faire financer vos frais de déplacement et/ou hébergement par :

- votre entreprise ;
- votre syndicat ;
- l'ordre de votre profession ;
- la Région ;
- l'Etat ;

Elle peut prendre la forme de :
- cycles de conférence ;
- stage de mise à jour ;
- cours à distance.

5.6. PLAN DE FORMATION DE L'ENTREPRISE

- Le plan de formation de l'entreprise est un document qui retrace l'ensemble des actions de formation retenues par l'employeur pour ses salariés. Le plan de formation est défini après le recensement des besoins des salariés.

- Il est fixé pour une période à venir.

Le plan de formation des salariés est élaboré :

- soit en *interne* :
  - o les objectifs sont déterminés par l'entreprise seule ;
  - o en fonction de ses priorités stratégiques, des dispositions de la convention collective applicable, des besoins en formation des salariés, des souhaits exprimés par les salariés, etc.
- soit en *interne* + *externe* : utilisation des services d'un organisme de conseil (ingénierie de formation).

Le salarié a accès à la formation :

- soit sur décision de *l'employeur* : dans le cadre du plan de formation de l'entreprise ;
- soit par son *initiative personnelle* dans le cadre :

  - o d'un congé (de formation, de bilan de compétences, de VAE, etc.) ;
  - o du droit individuel à la formation (**DIF**).

Une fois établi, le plan de formation doit être soumis à l'avis des représentants du personnel qui doit assurer cette intégration en dressant un plan de formation par rapport aux étapes que SEKIOU présente de la façon ci-contre :

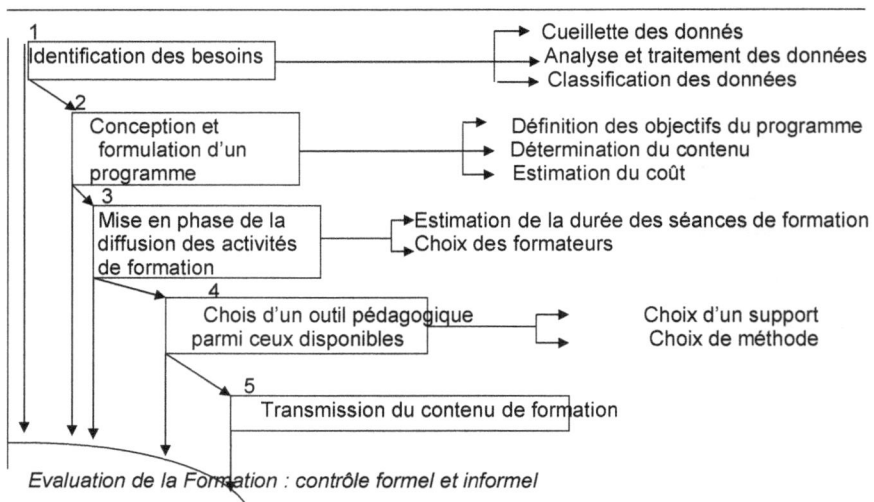

1 Identification des besoins → Cueillette des donnés
→ Analyse et traitement des données
→ Classification des données

2 Conception et formulation d'un programme → Définition des objectifs du programme
→ Détermination du contenu
→ Estimation du coût

3 Mise en phase de la diffusion des activités de formation → Estimation de la durée des séances de formation
→ Choix des formateurs

4 Chois d'un outil pédagogique parmi ceux disponibles → Choix d'un support
→ Choix de méthode

5 Transmission du contenu de formation

Evaluation de la Formation : contrôle formel et informel

Lorsque le programme est déjà prêt, le GRH fait large diffusion des activités de formation par des réunions de services, les affiches, des annonces et présente les modules prévus ; Pour ce faire, il présente et affiche le tableau des activités de formation communément appelé *diagramme de Gantt* qui permet de visualiser le nombre et la période où les personnes sélectionnées par service devront être formées.

Modèle d'un diagramme de Gantt de formation

Module	cible	nbr par t	TROISIEME TRIMESTRE											
			AOUT				SEPTEMBRE				OCTOBRE				
			S1	S2	S3	S4	S1	S2	S3	S4	S1	S2	S3	S4	Tot
Gest adm& compt	Direc admin &Fin	4			1			2					1		4
	Direct RH	9		4			1				3				8
Gest des biens, équipmt&maintc	Direc product	15					7				3			2	12
Qlte et secur des produits	Direc commerc	8			6									1	7
	Serv de secur	2							1					1	2
		38		4	7		8	2	1		6		1	4	33

ω **Contenu du plan de formation**

Le responsable de la formation ou le gestionnaire doit élaborer des plans généraux et spécifiques pour chaque formation qui sera donnée dans l'organisation. À ce sujet, il est recommandé de prendre contact avec le formateur interne ou externe afin de lui demander comment il désire diffuser la formation et quel en est le contenu. Les grandes rubriques de ce type de plan sont les suivantes :

• Description générale de la formation
• Objectifs
• Contenu
• Durée
• Nom du formateur interne ou externe

• Méthodes d'enseignement

• Personnel visé et nombre de groupes

Les plans spécifiques permettent notamment de rédiger un cahier de charges lorsque la conception ou la diffusion de la formation doit être confiée à une personne externe à l'entreprise. Ils servent également de point de départ à la conception puisqu'ils clarifient les éléments à considérer. Pour la conception de la formation, les entreprises peuvent requérir les services d'un employé ayant les qualifications requises ou d'un consultant externe pour élaborer, en collaboration avec les responsables des ressoures humaines, le contenu spécifique de formation. La formation peut faire appel à une variété de techniques d'enseignement : entraînement à la tâche, formation magistrale avec exercices pratiques, formation assistée par ordinateur, etc.

Le plan de formation présenté par l'employeur doit distinguer 2 catégories d'actions de formation.

☺ ***Actions d'adaptation au poste ou liées à l'évolution, au maintien dans l'emploi***

Ces actions ont pour objet de permettre au salarié :

- soit d'acquérir des compétences qui peuvent être directement utilisées dans le cadre de ses fonctions,
- soit d'acquérir des compétences qui ne peuvent être directement utilisées dans le cadre de ses fonctions mais qui correspondent à une évolution prévue ou à une modification de ses fonctions dans le cadre de son contrat de travail.

Elles doivent obligatoirement être organisées pendant le temps de travail et être intégralement considérées comme du temps de travail effectif.

☺ ***Actions de développement des compétences***

Ces actions ont pour objet de permettre au salarié d'acquérir des compétences qu'il n'a pas à utiliser s'il reste à son poste, mais qui lui permettront d'obtenir une évolution professionnelle au sein ou en dehors de l'entreprise.

Elles se déroulent en principe pendant le temps de travail. Cependant, un accord écrit entre le salarié et l'employeur peut prévoir que ces actions se déroulent en dehors du temps de travail, en tout ou partie.

L'entreprise doit respecter ses engagements sous réserve que le salarié suive avec assiduité la formation et qu'il satisfasse aux évaluations prévues.

Plan global de formation

Formations	Participants	Formateurs	Coût	Durée	Echéancier
1. Gestion de projet	Groupe de 6 personnes : Analystes et développeurs web	XYZ groupe conseil	X $/heure	16 heures	Février 2015 &Mars2015
2. Travail d'équipe					
3. Etc					

Plan spécifique de formation

FORMATION
GESTION DE PROJET

Aujourd'hui, les changements et les transformations sont devenus des normes à l'intérieur de nos vies. Pour réussir ces transformations, la gestion de projet constitue un atout tant au niveau personnel que professionnel. Dans la réalisation d'un projet, une gestion efficace permet d'atteindre les objectifs établis dans chacune de ces dimensions : la technique, les coûts et les délais.

Objectifs de formation

À la fin de la formation, les participants devraient être aptes à :
• Utiliser le logiciel MS Project tout au long du processus de gestion de projet
• Identifier les facteurs de réussite d'un projet
• Approfondir chaque étape de la gestion d'un projet
• Développer des compétences pour la planification, l'organisation et le suivi d'un projet
• Prendre conscience du rôle déterminant du rendement de l'équipe de projet.

Contenu et durée : 16 heures

Cette activité de formation dynamique est une occasion d'évaluer les habiletés du participant et de mettre en pratique les techniques abordées. Les thèmes suivants y sont approfondis :
• Le processus de gestion de projet
• La sélection et l'analyse de faisabilité du projet
• La planification structurelle du projet
• La planification opérationnelle du projet
• La réalisation du projet
• La gestion de l'équipe de projet
• Le contrôle du projet.

Format

La formation est offerte par une ressource externe, XYZ Groupe-Conseil. Ces sessions théoriques et pratiques (50 /50) sont composées de courts exposés, d'activités pratiques, de simulations, de discussions et d'exercices d'application pratique.

Personnel visé

• Un groupe de six personnes (analystes et programmeurs-analystes).

Direction Etablissement Siège

Service Formation-Information

Mai 1986

PLAN DE FORMATION 1987

Le PLAN DE FORMATION de l'Etablissement est la résultante de deux composantes :

- les actions de formation voulues par l'employeur et que celui-ci conserve sous sa responsabilité,

- les initiatives de formation des salariés que l'entreprise reprend à son compte.

Toute action n'entrant pas dans le cadre de cette définition peut être mise en oeuvre grâce aux divers congés de formation et notamment le Congé Individuel de Formation (C.I.F). Votre hiérarchie et le Service Formation sont dans ce cas habilités à traiter avec vous de votre projet, mais cette démarche est étrangère à l'objet de la présente feuille.

▷ **FORMATIONS TECHNIQUES** : Ce sont les actions spécifiques aux divers métiers exercés dans les différentes unités de l'Etablissement. Par définition elles doivent être décidées au sein du service, du département, de la direction ou de la division. Vos souhaits dans ce domaine sont par conséquent à formuler et à discuter directement avec votre hiérarchie qui fera connaître ses décisions au Service Formation.

▷ **FORMATIONS GENERALES** : Ce sont les actions communes à tout ou partie du personnel de l'Etablissement, quelles que soient sa catégorie et son unité. Vous trouverez ci-joint une liste de propositions mises au point avec le concours de la Commission de Formation. Ne la considérez pas comme exhaustive (2 lignes vierges sont à votre disposition). Seules les actions ayant recueilli un intérêt suffisant de la part du personnel et de la hiérarchie seront retenues pour être proposées à l'approbation du Comité d'Etablissement.

▷ **MICRO-INFORMATIQUE** : Ces actions étant susceptibles d'être organisées soit dans le cadre du Plan de Formation, soit dans celui du PLAN SPECIAL MICRO-INFORMATIQUE, il convient à chaque fois de traiter la question directement avec le Service Formation.

Renseignez le formulaire joint à cette feuille et remettez-le à votre hiérarchique avant fin mai.

Diffusion générale

104

PLAN DE FORMATION 1 9 8 7

FORMULAIRE A REMPLIR AVEC VOTRE HIERARCHIQUE ET A LUI REMETTRE AVANT FIN MAI.

Cours de langues collectifs .... ☐
(préciser la langue)

Avoir une mémoire plus efficace .... ☐

Découverte du Contrôle de Gestion .... ☐

Jeu de go appliqué à l'entreprise .... ☐

Information sur les cercles de qualité
appliqués au travail administratif ...... ☐

Communication - Expression .... ☐

Présentation des documents et
supports d'exposés .... ☐

Innovation et créativité .... ☐

Animation de réunions d'expression
directe .... ☐

.... ☐

.... ☐

NOM : ....

Prénom : ....

Direction ou
Division : ....

Département ou
Service ....

Code Service : ....

Lieu de Travail : ☐ ☐ ☐

Classification : ☐ E/T ☐ AM/T ☐ Cadre

Téléphone : ....

Accord de la Hiérarchie :

NOM : .... Date : .... Signature :..........................

Le Directeur de la Division ou le Responsable habilité par lui :

NOM : .... Date : .... Signature : ....

N.B : Cette détection des besoins est réalisée en vue de l'établissement du Plan de Formation de l'année prochaine. La présente feuille ne saurait donc remplacer l'inscription en bonne et due forme qu'il vous faudra prendre lorsque l'action (ou les actions) de formation vous concernant sera (ou seront) organisée (s) en 1987.

Diffusion générale

Chapitre six :
TYPES ET METHODES DE FORMATION

6.1. Types de formation

Il est possible que la formation exige que l'employé apprenne de façon autodidacte certaines notions. Il se forme alors par lui-même en effctuant des exercices pratiques et/ou qu'il se fasse assister par d'autres personnes dans le cadre de :

-*la formation d'embauche* ; sont visé, les nouvelles unités en vue de les préparer, de les inculquer l'idéologie de l'entreprise, les objectifs et les stratégies et exigences des postes auxquels ils seront affectés ;

-*formation d'adaptation au poste*, vise à donner des nouvelles méthodes de travail, à améliorer les techniques de production, montrer l'utilisation des nouvelles machines, des nouveaux programmes ; rendre plus habiles les agents ;

-*formation sur tas*, a lieu là où le travail (tâches) s'exécute au profit d'un employé dans son poste par un travailleur expérimenté, plus qualifié ;

-*formation par reconversion*, son objectif est d'apprendre à un salarié un nouveau métier pour le rendre capable de suivre d'autres orientations dans l'entreprise en voie de restructuration ;

-*le perfectionnement*, lorsque le but de la formation est de rendre le travailleur plus habile dans son domaine de travail dans un temps assez court (soit un, trois ou 6 mois) ;

- *le stage* est organisé pour le travailleur de n'importe quelle catégorie et niveau d'ancienneté pour leur permettre de partager l'expérience avec des agents d'autres entreprises ou de même domaine de travail ;

- *le recyclage*, vise l'actualisation des techniques de travail et concerne les agents d'une ancienneté assez longue dans le même poste (soit cinq, dix, quinze ans et plus) ; il combat l'obsolescence des agents.

- *l'e-learning*, est un ensemble des technologies qui permettent d'apprendre à l'aide des médias électroniques (CD-Rom, Internet,...) via les réseaux. L'apprenant a un rôle nouveau et est davantage responsabilisé dans sa formation. La création du DIF favorise le développement de l'e-learning.

- *le webinaire*, se développe dans les années 2010 et est un séminaire de formation se déroulant en direct sur internet. Un des avantages est d'éviter les déplacements des participants ou de l'animateur. Il est particulièrement adapté aux sessions courtes de formation telles que des modules d'une heure.

6.2. Les méthodes de formation

La formation vise l'acquisition ou l'amélioration de connaissances, d'habilités et de comportements requis au travail de manière que les employés présentent une meilleurs performance. Plusieurs méthodes et techniques sont utilisées suivant les objectifs poursuivis, le contenu des cours à dispenser, le temps disponible et la capacité des employés. C'est pourquoi les formateurs font souvent appel à une combinaison de plusieurs méthodes et techniques qu'on regroupe généralement en 2 catégories :

- Les méthodes axées sur la pratique ou sur les habilités et les comportements ;
- Les méthodes axées sur le développement de la personne, l'acquisition de connaissances et d'habilités plus théoriques.

6.2.1. la méthode axée sur la pratique

Ce groupe de méthodes tente en général de développer des habiletés pour la manipulation de matériel ou d'objets et la maitrise des tâches à réaliser. Il s'agit en général des méthodes suivantes :

- *L'intégration au poste de travail* (formation sur le tas):consiste à former le personnel pendant qu'ils accomplissent le travail ;
- *Le système de l'apprenti* (ou le coaching): l'employé apprend son travail avec un supérieur hiérarchique ou un employé plus expérimenté que lui pendant une certaine période
- *La corbeille d'entrée* (ou corbeille du gestionnaire) : l'employé est placé à un bureau où il doit travailler avec des documents typiques du poste occupé (lettre, notes de services, ...) Le stagiaire doit établir des priorités et résoudre les problèmes liés à ce poste. Il sera évalué par des formateurs sur la qualité des décisions prises.
- *La rotation de poste* : cette méthode est surtout utilisée pour les cadres et pour les employés qui présentent le potentiel nécessaire pour accéder à des postes de niveau supérieur qui exigent plus de connaissances et impliquent plus de responsabilités.

◈ *La formation en atelier école* : cette méthode reproduit le travail avec un matériel semblable à celui qui sera utilisé dans une situation réelle par l'organisation.

◈ *Entrainement à la tâche* : apprentissage en cours d'opération qui fait appel à l'exposé, à la démonstration et à la discussion.

◈ *Démonstration* : mise en application d'un processus ou d'une opération en démontrant chacun des gestes à poser. Le formateur doit maîtriser un certain savoir-faire technique.

6.2.2. Méthodes axées sur l'apprentissage du savoir

Ces méthodes visent surtout à permettre l'apprentissage de connaissances et des habiletés intellectuelles ou de comportement (savoir et savoir-être). Plusieurs méthodes favorisent ces apprentissages et sont les suivantes :

● *Le cours magistral* : il s'agit d'un processus de communication à sens unique où une personne s'adresse à un auditoire qui peut avoir nombreux participants et qui reste passif ;

● *Les cours programmés* : le cours est divisé en modules qui suivent une séquence logique. Il faut que chaque composante soit bien maîtrisée avant de passer à un nouveau module ;

● *La discussion du groupe* : les groupes sont généralement composés de trois à trente personnes, subdivisé en sous-groupes pour donner la chance à tout le monde de participer à la discussion ; la discussion repose sur l'échange verbal ou électronique d'information sur un sujet précis ou un problème concret entre les participants. Ces derniers sont alors invités à exprimer leurs opinions, leur expertise ou leurs connaissances.

● *L'étude de cas* : cette méthode permet de créer une situation réaliste à travers l'exposé d'un problème et de placer la discussion dans un contexte précis, surtout lorsqu'il s'agit de mettre au point une solution d'un problème ;

● *Les jeux de rôle ou de simulations* : elle ressemble à la méthode des cas, mais cette fois-ci on ne demande pas de résoudre simplement le problème mais de jouer le rôle d'un des personnages. Le jeu de rôle est une reproduction d'une situation ou d'un processus réel permettant de prendre conscience de sa pratique et de ses effets.

● *Exposé* : technique plutôt formelle où le formateur explique, informe, motive ou offre une rétroaction. L'efficacité de cette technique repose sur les qualités de communication du formateur.

6.2.3. Evaluation des méthodes de formation

Il s'agit de mettre en pratique ou de diffuser le programme de formation, c.à.d. recourir à une ou aux méthodes précédemment développées.

On peut regrouper alors des supports techniques en supports visuels et/ou auditifs à l'instar des tableaux, chevalets (*support pour soutenir un objet, un tableau, etc*.), projecteurs, diapositives(*Epreuve photographique positive qui peut être vue par transparence ou par projection*), films, vidéo, simulateurs (*dispositif reproduisant le comportement d'un appareil en vue d'étudier les réactions de celui-ci, d'enseigner son utilisation, etc.*), etc.

L'exécution du programme de formation est généralement suivie d'une évaluation pour s'assurer de l'atteinte effective des objectifs préalablement fixés(le gros de cette partie sera développé prochainement dans la partie ''l'Audit de formation).

On évalue généralement la formation sur 3 délais différents :

❖ Une évaluation à court terme: qui consiste à observer et mesurer l'acquisition effective des connaissances (savoir-faire et savoir-être) par rapport aux objectifs fixés ;

❖ Une évaluation à moyen terme : la formation est une mesure de prévention. Elle contribue à réduire les risques encourus par l'entreprise. La question qui se pose au moment de cette évaluation est si l'entreprise dispose d'assez de temps et de compétences pour faire face aux changements ;

❖ Une évaluation à long terme : cette évaluation porte sur la question d'efficacité et d'efficience de la ressource humaine de l'entreprise.

En d'autres termes, il s'agit d'évaluer la formation sur les critères suivants :

-*la pertinence*, qui concerne le bien fondé des décisions prises par rapport aux objectifs visés ;

- *la conformité*, qui se charge de vérifier la bonne application de mesures, règlements, de conventions ou dispositions convenues dans le fonctionnement du système ;

- *l'efficacité*, vise à estimer les effets prévus, les résultats obtenus par rapport aux objectifs poursuivis et les effets imprévus ;

- *l'efficience*, cherche à savoir si les résultats obtenus ont été au moindre coût ;

- *la cohérence*, cherche à estimer l'adéquation entre les décisions par rapport au système de formation (objectifs, moyens, structures, méthodes, gestion, ...) mais aussi entre le système de formation et les autres éléments du contexte social ou il s'insère

- *l'autoévaluation*, perceptions des formés sur le niveau auquel la formation leur a permis de s'approcher de leurs attentes car le meilleur juge de ses capacités professionnelles, c'est le formé lui-même ;

-*l'opportunité,* si les décisions prises sont arrivées au moment voulu.

Voici par exemple une grille d'évaluation de la formation

Formation : Gestion de projet

N° du groupe :_____ Heure : _____ Date :_____
Nom du formateur, de la formatrice : _____
Les   objectifs   de   la   session   sont-ils   atteints ?
_____
    a. _____ Oui _____ Non _____
    b. _____ Oui _____ Non _____
    c. _____ Oui _____ Non _____

Indiquer votre degré d'accord envers chacun des énoncés présentés ci-dessous, en utilisant l'échelle suivante :
  1= tout à fait en accord   2= en accord
  3= plus ou moins en accord   4= en désaccord   5= tout à fait en désaccord

1. J'étais motivé(e) à suivre ce cours 1 2 3 4 5
2. les objectifs de la formation étaient clairs et précis 1 2 3 4 5
3. le contenu de la formation correspondait à mes besoins et préoccupations.. 1 2 3 4 5
4. les techniques d'enseignement ont favorisé l'apprentissage 1 2 3 4 5
5. les exercices et les activités étaient pertinents à la formation 1 2 3 4 5
6. les formateur communiquaient de façon claire et dynamique 1 2 3 4 5
7. le formateur a respecté le rythme d'apprentissage des participants............ 1 2 3 4 5
8. la formation m'a permis d'augmenter mon niveau de kces et d'habiletés...... 1 2 3 4 5
9. je compte mettre en application ces nouvelles compétences de kces au w .. 1 2 3 4 5
10. je recommanderais à mes collègues de travail cette formation 1 2 3 4 5

SVP, commentez chacun des aspects dont le score est de 3 et plus
Commentaires et recommandations :

Chapitre Sept :
LES RESPONSABLES DE LA FORMATION

Une entreprise peut organiser elle-même la formation de ses salariés ou faire appel à un prestataire extérieur. A l'issue de la formation, le prestataire délivre au stagiaire une attestation mentionnant les objectifs, la nature et la durée de l'action et les résultats de l'évaluation des acquis de la formation. Si les actions de formation sont organisées par l'entreprise elle-même, l'employeur délivre cette attestation au stagiaire, à l'issue de la formation.

L'employeur peut planifier, après consultation des représentants du personnel, un certain nombre de formations dans l'année ou sur une période plus longue. Dans ce cadre, il est libre de décider :

- d'envoyer ou non un salarié en formation ;
- d'interrompre la formation et de rappeler le salarié à son poste de travail. Il lui incombe également de financer la formation et de maintenir la rémunération et la protection sociale du salarié en stage.

7.1. Les formateurs
@ **Les gestionnaires** :
Ils ont les responsabilités suivantes : le budget de formation et contrôle du suivi ; le planning des cours et des stages ; planning d'utilisation des salles et des matériels ; contrôle des inscriptions, des examens, des résultats ; la sélection et contrôle des sous-traitants éventuels. Ils peuvent participer à l'élaboration des programmes et peuvent assurer de liaisons intérieures ou extérieures avec certains services officiels.
@ **Les animateurs** (formateurs)
Ils sont chargés de l'élaboration des programmes et la progression pédagogique en liaison avec les chefs de service ou les responsables de la formation ; suivi de la progression pédagogique et du déroulement pratique des séances de formation ; participation à certaines interventions d'enseignement, synthèses ou évaluations ; suivi des réalisations dont ils sont animateurs ; participation à la mise au point des outils pédagogiques nécessaires : exercices, travaux pratiques, études de cas, ...
@ **Les spécialistes de moyens pédagogiques**
En liaison avec les autres catégories définies ci-dessus, ils ont les responsabilités d'élaboration, mises à jour, suivi des médias de formation ; mise au point des outils pédagogiques ; la formation des formateurs.

- @ **Les acheteurs de formation**, sont chargés d'élaboration des cahiers de charges, négociations, etc.
- @ **Le service de formation**, assure sur le plan administratif l'information des salariés sur la formation, la réalisation des actions, la gestion des effectifs en formation, la comptabilisation des dépenses.

7.2. Les financiers de la formation

Le Code du travail impose aux entreprises des contributions financières minimales calculées sur leur masse salariale. Celles-ci sont, soit constituées de dépenses de l'entreprise, ou soit constituées de versements à des organismes spécialisés, créés et gérés par les partenaires sociaux. L'ensemble de ces contributions sert au financement des coûts de formation, de rémunération et de transport, hébergement et restauration des salariés en formation. Sauf dans le cadre du CIF, il appartient à l'employeur d'assurer la prise en charge financière de l'ensemble de ces frais : aucune participation financière ne peut être exigée du salarié.

En revanche, le salarié bénéficiaire d'un congé individuel de formation qui se voit refuser le financement de sa formation peut être amené à en régler lui-même le coût.

7.3. Organismes de formation

Quand la formation des salariés se déroule dans un organisme de formation, ils sont soumis aux règles de fonctionnement et de discipline de cet organisme.
Celui-ci peut :
- prendre des sanctions contre lui (exclusion par exemple) en cas de comportement posant problème ;
- informer l'employeur des problèmes posés par le salarié-stagiaire et des sanctions éventuellement prises contre lui.

À noter : L'employeur peut prendre une sanction disciplinaire motivée par le comportement fautif du salarié lors d'une formation se déroulant à l'extérieur.

7.4. L'après formation des salariés
7.4.1. Pas forcément de promotion

L'amélioration des compétences par la formation des salariés n'entraîne ni augmentation de revenu ni promotion même si la formation confère un surplus de compétences et/ou titre, diplôme ou certification ; elle ne provoque pas forcément de changement de la situation du salarié.

7.4.2. Pas forcément de changement de statut par la suite

De retour d'une formation, un salarié ne bénéficiera pas automatiquement :
- d'une promotion ;
- et/ou d'une augmentation ;
- et/ou de l'accès à d'autres fonctions.

7.4.3. Possibilité de promotion : si dispositions spécifiques

Ses nouvelles compétences ne peuvent entraîner la modification de son statut et/ou contrat de travail seulement s'il existe :

- des dispositions explicites d'une convention ou d'un accord collectif sur ce point ;
- des engagements précis et écrits de l'employeur à ce sujet.

CONCLUSION

Occuper un poste de travail dans une organisation implique que l'employé exécute le travail de façon à répondre aux exigences de l'employeur. Il existe donc une relation étroite entre la formation d'un employé et son rendement au travail. Quel que soit le travail à réaliser, l'employé doit posséder des connaissances : savoir comment effectuer le travail, maîtriser les habiletés, être capable de faire le travail et adopter les attitudes requises.

Un des grands challenges pour les entreprises est de gérer les ressources humaines selon des nouveaux modèles de travail. En effet, diverses raisons économiques et technologiques font que, de plus en plus, un "*travail*" est associé avec les notions de "*compétence*", "*projet*" et "*rémunération*" plutôt que les notions traditionnelles de "lieu", "tâche", "position hiérarchique" ou "salaire".

Dans les nouveaux "modèles de collaboration" entre employeurs et employés, un thème est récurrent: quelle est la meilleure forme de rémunération pour motiver les collaborateurs tout en assurant une équité entre ceux qui participent au succès de l'entreprise par des contributions sous des formes différentes de travail?

C'est dans ce contexte que la rémunération liée à la performance (RLP ou PRP: Performance Related Pay) est une philosophie qui fait son chemin dans les entreprises dynamiques. Malheureusement, un bon nombre de managers pensent qu'il suffit de mettre en place une "formule mathématique" entre *performance* et *paye* pour que leurs dilemmes et soucis s'évaporent! Ils délèguent cette tâche au responsable des ressources humaines et sont étonnés ensuite de la coalition d'opposition qui se forme au sein de l'entreprise contre ce projet.

En décomposant la définition de ce qu'est un système de RLP, Kanter (1989) soulève 5 questions fondamentales auxquelles l'entreprise devra répondre clairement avant de pouvoir élaborer et mettre en place un système de RLP:

- Va-t-on récompenser la contribution individuelle ou de groupe?
- Va-t-on se baser sur la performance de toute la compagnie ou d'unités?
- Est-ce que la distribution est basée sur des mesures objectives ou subjectives?
- Est-ce que la récompense est par rapport à la paie de base ou la valeur de la contribution?
- Va-t-on utiliser un système commun pour toute l'entreprise ou plusieurs?

Les nouveaux modèles de travail au sein d'une entreprise, la volonté de responsabiliser et motiver les collaborateurs en leur faisant bénéficier des résultats obtenus par eux-mêmes, leur groupe et l'entreprise ainsi que d'autres considérations sociales et d'équité, font que, à l'avenir, les "salaires" seront de plus en plus décomposés en:

- Un salaire de base.
- Une composante liée à la contribution individuelle.
- Une composante liée à la performance du groupe.
- Une prime qui reflète le résultat financier de l'entreprise.
- Un bonus ou une prime versée de manière ponctuelle.

La *formation-rémunération* aborde à la fois les aspects techniques et stratégiques de la rémunération et permet aux Responsables RH d'aligner la politique rémunération avec les grands enjeux de l'entreprise. Dans un contexte de concurrence accrue, il est essentiel de bâtir un système de rétribution global compétitif et de communiquer sur la politique rémunération pour attirer et fidéliser les talents dans l'entreprise. A l'issue de la formation, le responsable - rémunération pourra conseiller efficacement, managers et collaborateurs sur les dispositifs de rémunération et les évolutions nécessaires.

La formation est devenue l'une des préoccupations majeures des responsables des RH, c'est sans doute parce qu'on a découvert qu'elle était un extraordinaire levier du développement de l'entreprise et de compétences de tout salarié. Les différentes évolutions des environnements créent sans cesse des nouvelles exigences et doivent stimuler l'enrichissement des connaissances et de savoir-faire. Facteur d'ajustement et d'adaptation, la formation est aussi un facteur de régulation sociale car elle peut être l'une de clés de la réconciliation entre le social et l'économique ; bref, elle est parmi les plus-values bien pour l'entreprise que pour les hommes parce qu'elle est, on le rappelle, *l'ensemble des dispositifs (pédagogiques) proposés aux salariés afin de leur permettre de s'adapter aux changements structurel et aux modifications de l'organisation du travail impliqués par l'évolution technologique et économique et de favoriser leur évolution professionnelle.*

Table des Matières

www.ingramcontent.com/pod-product-compliance
Lightning Source LLC
Chambersburg PA
CBHW021603210326
41599CB00010B/577